AF579769

Electra, Clitemnestra

Magali Alabau

kýrne

Electra, Clitemnestra

edición revisada

1985–2023

Magali Alabau

Yoandy Cabrera (ed.)

kýrne

Cirno, tengan un sello estos versos que compongo.

edkyrne@gmail.com
https://deinospoesia.com/vi-publications/

ISBN: 979-8365506428

Edición
Yoandy Cabrera

Diseño
Logo editorial
Dashel Hernández Guirado

Portada | Composición interior

Imágenes, portada e interior | Cortesía de
© Sophie Bass Illustration | www.sophiebass.co.uk
(Portada [e int. pp. 3, 13]: fragmento del tríptico "Electra", 2015; Interior: p. 76, "Eros", 2013; p. 108, "Tree of Life", 2016)

Índice

Introducción

Magali Alabau:
de la áurea Micenas a la Ilión cubana

La poesía de Magali Alabau se caracteriza por un diálogo intenso entre la cotidianidad y el mito. La autora es, sin dudas, una de las voces más importantes de la poesía cubana en el cambio de siglo XX–XXI. Publicó su primer poemario, titulado *Electra, Clitemnestra* (escrito en 1985 y publicado en 1986), a los 41 años de edad. Alabau es evidencia de una voz lírica que se da a conocer en la madurez, que, por edad, podría pertenecer a la conocida como Generación El Puente (con la que profesionalmente interactuó) o a la Generación del 50. Sin embargo, sus primeros años dedicados al teatro, su rápida salida de la isla en 1966 (después del cambio del 59) y la aparición de su primer cuaderno lírico pasados los cuarenta años la convierten en una *rara avis* dentro de la sistematización generacional de la lírica cubana. También lo es por los temas y el estilo de su poesía: la experiencia y los traumas del emigrado, la memoria, la vida en Nueva York (donde residió desde 1966 hasta hace poco), el pensamiento judío, la mitología grecolatina, el doble, el regreso a la isla, el deseo homoerótico, la violencia, los conflictos familiares…

Se trata de una poesía timótica que reconoce en el doble una especie de prolongación de tipo homérica, pero que, al mismo tiempo, invierte el orden patriarcal heroico. Alabau vuelve femenina la épica y la tragedia de Argos, continúa el *daimon* terrible de Electra y Medea a través de un estilo indomesticable, a veces paratáctico, entrecortado y otras veces expansivo, invasivo, oceánico.

No imagino el mapa de la poesía cubana (con sus implicaciones diaspóricas y su expansión y trasgresión de toda frontera) sin un título como el poema-libro *Hemos llegado a Ilión* de Alabau; un poemario que, además, se encaja en el cierre del siglo XX con su primera edición de 1992 y se suma al inicio del XXI con su reedición de 2013, ambas por la Editorial Betania. Un poemario liminal y movido entre diversas fronteras no solo por el tratamiento del doble, por la experiencia vital de emigrada, por la ensoñación y la superposición de espacios en la memoria y el discurso, sino también por su propia ubicación finisecular. En este caso, el reverso mítico viene marcado tanto por la voz femenina y el doble (semejante a *Electra, Clitemnestra*), como por la vuelta a Cuba-Ilión. No es un héroe tradicional masculino regresando de Troya a Grecia, sino un sujeto femenino emigrante que, después de años viviendo en Estados Unidos, vuelve de visita a la isla. El héroe homérico en esta recontextualización del *nostos* es, por tanto, una emigrada cubana que vuelve de la Grecia norteamericana (es decir, del mundo desarrollado), a la intimidad y la realidad prosaica de la isla-cárcel llamada Ilión. Vuelve en calidad de turista. Vuelve para irse nuevamente. Vuelve para la autoafirmación y el extrañamiento a partes iguales. Esa Ilión de su Perséfone Pérez determina un concepto de patria como espacio difuso, de la memoria y la negación.

El presente libro constituye un pequeño homenaje a los comienzos poéticos de Alabau. Esta es una edición revisada de su primer poemario, que esta vez se publica junto a algunos ensayos de mi autoría y una entrevista que abordan la poética de la autora y echan luz sobre su estilo y proceso vital y creativo. Sirva este pequeño volumen como evidencia de un diálogo personal e intelectual entre autora y editor que dura ya aproximadamente una década.

Yoandy Cabrera, ed.

Electra, Clitemnestra

1985–2023

Electra

Yo, como una voz,
una oveja que gime,
comprendo que si soy Ulises
tendrías que deshacerme.
Ifigenia,
Orestes que rápidamente el cuchillo saca,
Orestes,
Ifigenia.
Clitemnestra muerde la muerte de su hija
y el sol se esconde.
Electra, Electra, Electra corre
con una emoción que transfigura.
Electra vuela,
Electra se comprime
y cruza.
Clitemnestra,
¿cómo es posible que des la mano a Egisto?
¿Cómo es posible que a mí embistas?
¿Cómo es posible?
Sí, Electra en la memoria graba
los barcos de Ulises abandonando el puerto.
Cuando el buque regando agua a los remos rinde
y las olas a Elena traen la envidia,

Clitemnestra, Electra gime.
¿Qué miras?
Es tan grande el espanto.
Ifigenia en la pira que vuelve y vuelve.
Ifigenia, Electra.
Una astilla se clava en los dos ojos.
Cruza Ifigenia entre las dos.
La sangre;
veneno es como el padre mata a la hija.
La pira,
Ifigenia.
Electra envidia a la hermana.
Ifigenia.
La sangre sale.
Un chorro es mi vena
en tu vena, Clitemnestra.

Clitemnestra

Los escalones de piedra se hacen piedras.
Despacio.
Cuando vuelva
con sangre se lavará a mi hija.
Egisto, clávate en mis piernas.
Corrompe mi vientre.
Sácame la noche.
Entiérrame la furia.
Golpea en un galope.
Destiérrame,
sacude la capitulación del hombre y la mujer.
Espanta, ejecuta.

No se vieron más.
Se entrecruzaban en la escalera de piedra,
dos líneas rojas
tirando cada una la ira.
Se escrutan los ojos hinchados.
Los de Clitemnestra exhalan púrpura.
Electra se aguanta el párpado violeta de los muslos.
Las bocas cosidas
se sofocan.
En la escalera de piedra
es donde se conocen y se mueven,
látigos rojos ascendentes, descendentes,
descendiendo.
Una es tronco encajado entre las piernas.
Cuernos enterrándose hacia adentro, el otro hilo.
Así se une la madre con la hija
y se agachan, lapidándose
para limpiar las piedras de Micenas.

A Electra
a las 5 de la mañana
una araña se le prende de la cara.
La araña negra, negra, negra
y roja
como garfio en la oreja
roe su cabeza.
Los gusanos se esconden en las cuevas;
auguran peligro los orificios.
Electra aúlla tablas.
De un lado a otro
las pupilas degüellan el misterio.
De un lado, la cabeza revienta la madera;
del otro revuelve, ¿revuelve qué?
La mano afilada
practica y mastica
y se cierra.
Electra es hombre.
Sus senos tienen lenguas en el centro:
un cuchillo, un hacha, un gran mástil.
Clitemnestra es agua, mar, lago, pozo.
Electra se levanta, dispuesta, llega a la puerta,
oye los quejidos.

Clitemnestra en su ritual no espera.
En su saliva bañando está a su amante.
De su boca ranas crudas amamantan vergüenza.
Electra oye a su madre
y empieza a pintar círculos y cráteres.
En la puerta
las uñas se comen a los dientes.
Electra actúa, Electra muerde.
Se convierte en el padre,
tiembla, cae delante de la puerta.
Como un lobo amarrado vira y vuelve y vuelve.
No puede.
Golpeada, se tira en una ola.
Son las 7.
Se baña.
Las piedras la revuelcan,
los cangrejos la duermen.
Mañana será jueves.
Volveré cada noche a esta puerta.

Clitemnestra

Año tras año hasta que vuelva el falo del triunfante,
ahí donde parí se pondrán flores diarias.
Lámparas de semen embarradas.
    Electra, te siento,
estás con un ojo en la boca, acechándome.
Tienes la misma cara de ese monstruo.
No me espíes,
por cada oído tuyo
caeré cien veces en un mar de vómitos de leche.
No me espíes, esconde tu rostro.
Vuelca tus ojos de niña hacia mi vientre.
No quiero perderte.
Húndete en la almohada.
Desoye mis alaridos,
mis desmayos te crucificarán.
Cada vez que te paras en la puerta no te veo,
veo un tronco, unas cejas,
unas manos de oso que cargan una niña.
Apártate, óyeme: vete.

Los despojos

El mar es una tela desgarrada
con un buque solo que arrastra los despojos.
El buque gira gris,
acerca su proa, temeroso.
Electra en la ventana.
Orestes en la ventana.
Un cortejo de mudos cerrándose en las puertas.
Clitemnestra
bajando de espaldas la escalera.
Solitaria sombra hacia la arena.
Bajan la carga los Tiresias perplejos.
Colocan un rectángulo
en el círculo.
El último testigo le entrega a Clitemnestra
el último recado de Ifigenia:
una venda.
Las herramientas quedan en la arena.
Clitemnestra y un hueco
es lo que ya queda.
Ahora sube de nuevo,
los ojos no ven, no gimen, no encuentran.
Los ojos son dos paños,
ojos de efigie.
La habitación espera.

El viento suena hondo.
El mar de Micenas acalla su ronquera,
es un volcán en vilo.
Medusa anda en las colinas,
sus serpientes se inflan
y se inflan.
La tapia oscura que todo lo cubre
está mirando,
riendo a carcajadas.
Medusa saca sus pezuñas y las clava en la arena.
Medusa abre y cierra las pestañas.
Su boca es un cordón ancho hacia la guerra.
Al cuarto va,
a inundar la fortaleza.
Abre la puerta
y se menea y se menea.
Furia, cráter,
muerde los muebles, el piso
como una pantera con agallas.
Los ojos van arriba,
van de lado,
van a todas partes.
Menea su lomo, su cresta en cada filo.

El cuarto es un fuego gigante
y en el trono de soledad
Clitemnestra se sienta.
Siente la lengua de Medusa en los pies,
en los senos.
Sus pezones se hacen fuentes.
El placer entra.
Medusa la restriega y la desnuda,
la sacude y la alza.
Se le monta en el cuello,
le embarra la cara.
Lengua con lengua,
espuma roja, espesa.
Los labios queman, arden las orejas.
Tantas serpientes en un clítoris,
tanta blandura fuerte, sedienta.
Los rostros lamen;
los ojos se encuadran.
Las dos fieras se miran.
Se tiran en una cama.
Medusa monta un caballo largo
y el techo las aplasta
y se unen
y se unen
y se aman.

Medusa le entra por la boca,
por la espalda, y grita.
Cada serpiente ocupa un orificio.
Clitemnestra ladra.
Sus brazos amarrados a la gran cabeza desangran.
Dos mujeres vibran, se amoldan,
mueren abrazadas,
y ya no hay heridas ni cráteres.
Micenas renace.
El sol entierra su fuego en una cama mojada.
Ruinas de unión descienden por las puertas
como una capa espesa caminando hacia fuera.
Las escaleras gimen y ríen, crujen,
el placer las desploma.
La leche de las dos se junta en una sola
y baja hacia el mar.
Clitemnestra ha dado sus senos duros.
Clitemnestra ha recibido manos
y carne en sus labios.
Su boca está seca, la cintura delgada.
En medio de la perfección vuelve la cabeza
a dar el último beso de la noche
y ve a Electra.

Orestes

Orestes es un niño limpio y lánguido.
Clitemnestra lo besa en las pupilas,
le acaricia los brazos.
Cada mañana lo coge de la mano
y le enseña los buques
mientras besa sus labios.
Orestes es una niña de Micenas.
No hay todavía caballos, ni armas,
ni órdenes, ni piras.
Solo unos ojos serenos y una sonrisa.
Orestes es el aire más fresco.
Sus dedos todavía revisan
los vientres de las mujeres.

En medio de todo
los ríos tienen agua.
Las montañas miradas entre dos columnas
continúan la majestuosidad del tiempo.
Es un tiempo de paz
y Clitemnestra es la reina de Micenas.
Los pozos se taladran
y el pan no es crudo como en Troya.
Los hombres no existen.
La fortaleza se abre como un puente.
El sol es grande, y Micenas vive.
Las rocas se mecen en la arena.
No hay ovejas perdidas,
los toros no desangran.
Por la tarde un cortejo de barcos pasea a los hijos.
La madre mira
y por un momento la tragedia
se llena de resignación, se olvida.
Los leones de la entrada no rugen
y no hay presagios.
Quizás no, no todavía.
La muerte se ha aceptado.
Ahora están las colinas

aguantando la brillantez inescapable.
Hay paseos a Corinto, hay juegos.
Electra peina a Orestes, Orestes a Clitemnestra.
Guirnaldas pasan, tejidos se siembran.
Los templos se han llenado de vasijas, ambrosía.
Las mujeres asisten,
pitonisas con pelo peinado
como ríos que ríen.

Micenas a veces es un puño
recibiendo noticias de la guerra.
Los barcos traen hazañas
y cada una de ellas se convierte en presagio.
Los buques traen tesoros, oro rojo,
mantos de guerreros muertos.
Cubre la tierra fresca la culpa, el destierro.
Cuántos gusanos rondando,
descuartizo de ojos hacia fuera,
lanzas embarradas de carne,
ropa tiznada de excrementos.
Esto manda Ulises a su tierra.
A veces los cuatro se asoman a la puerta
y solo ven un humo putrefacto.
La espera es espera.

El dolor es un chorro de espanto.
No basta que se aguante el útero:
se sale por la boca,
borbotea.
Un animal salvaje que revienta con el abdomen hueco.
Electra se cubre la cara
y el dolor sale por la oreja y el ojo.
Tiene miedo.
Se agarra y se frunce
entrando a un infierno de gigantes.
La sangre sale
y Electra tiembla.
Clitemnestra, me muero.
Ven, ahuyenta el miedo.
Corta las lágrimas de amor, cohabita
con este terror imaginario.
Furia en el cuerpo,
flechas, piedras y piedras.
Ven, cávame los huesos.
Entierra tus ojos en mis piernas.
En su cuarto la madre oye, muda está,
no se acerca.

La locura

Electra solo sabe darse golpes a sí misma.
Roca contra roca, castigo.
Manos que hieden odio en su cabeza.
Ojos fijos, torcidos
sin encontrar un punto de descanso.
Quieren dormir,
quieren fingir.
Dormita
pero de repente salta y golpea el piso:
inescrutable ritual
donde se agoniza y se piensa el suceso
y la sangre camina
y piensa
y piensa.
Vestigios de amor encaramados en la sombra.
Su mano toca su pierna y su ombligo pregunta
cuán viva está la furia.
Clitemnestra, inaccesible mente
donde no hay refugio
para Electra.
¿Qué son los brazos de Clitemnestra?
Hielos,
hielos.

Y no puede ser.
Si el hielo se convirtiera en nube.
Si mis sombras solo fueran juegos de dedos sobre la pared.
La letanía sigue.
Es necesario, más necesario, elaborar el fin.
Electra grita.
Su grito de miedo es terror de Clitemnestra.
Los años pasan.
La cabeza de Electra se ha vuelto recipiente de trances hirviendo.
Micenas es cementerio de asesinatos.
Dos hienas rojas son los ojos de Electra.

La obsesión

Está amargada, aúlla
como un lobo apaleado
y se zambulle en heridas de yodo.
Electra grita y se corta.
Su sangre es sudor negro.
No hay quien la ayude.
Grita y grita.
El cielo se recoge ante su agonía.
La agonía, la agonía.
Le salen surcos en la piel.
Agoniza, agoniza.
Todo es armas,
todo es enemigo.
Pelea.
El piso es fuego,
la cama una cuchilla,
sale entre lanzas inventadas.
Electra, antro de obsesiones.
Locura,
la cabeza se rellena, se rellena.
La cabeza debió ser corona.
La cabeza se vuelve primitiva.
La cabeza camina sola ahora, vuelca el paisaje,

se mastica.
La cabeza es arrepentimiento del deseo
entre madre e hija.
Electra camina como sombra.

Cuando abre las puertas ve manchas.
Cuando quiere agua ve sangre.
Cuando el vino se derrama ve chorros de ira roja.
Va de un lado a otro.
Camina hacia allá,
camina hacia acá.
Se encierra en un luto que nadie entiende.
Las 3, las 3.
Tan simple, Clitemnestra.
Tan simple quitarías la sangre.
Un gesto haría del monstruo una niña.
Una sonrisa acabaría el trágico final.
Pero son dos mujeres encerradas
en una historia de espasmos,
odios del útero
entre fauces y cuernos,
hambre de tocarse.
Solo hay llanto
y amargas luchas por quien es quien.
La destrucción de una
es la redención de la otra.
La magnitud de una reside en el aborto de la hija.
La madre traga a la hija.

La hija en turno aniquila a la madre
y cohabitan
como animales comiéndose.
¿Cuándo el esfuerzo será fácil?
Clitemnestra, no hay compasión en tus acciones.

Aunque mi cara sea cadáver,
despierta
veo los juegos de la noche.
Salen surcos morados en el cuello de Clitemnestra.
Su amante, hombre sin caja, sirve.
La mancha en el cuello
en un hilo de inmundicia hecho para halagar venganzas.
Electra ve la piel carmelita,
beso mandado a dar sin hambre.
Electra finalmente vira los codos
haciendo boca humo lanza el grito de osa.
Hemorragia en el cuello:
la hija presencia el veneno que muere a Clitemnestra.
Mis cuchillos son dientes
y solo me detiene
mi mente.
¿Me tuviste, me tienes?

Electra

Si la mente no fuera recuerdo,
si el recuerdo no fuera sentido,
si la boca no supiera de la dulce boca
murieras tan fácil.
Tengo tus dedos en mi pelo lacio.
Si no fuera por eso
morirías tan fácil.

Electra tiene dos manos fuertes
ejercitadas en su propio cuerpo.
Manos fuertes que en un cuello resultarían dibujos.
Una madre es un cuello
fácil de eliminar con esa fuerza.
Clitemnestra tiene miedo a las pupilas de Electra.
Pero Electra se va desvaneciendo y el acto final
es como un juego.
La sangre es agua.
Las muecas son sonrisas.
El temor no es temor, es ironía.
Asesinar, aniquilar una respiración como la mía.
Descifrar los porqués, los cuántos.
Calla pensamiento, atijera el cuerpo.
Clitemnestra tiene miedo.

La imaginó adorando a un hombre de barro
y entregando su sagrado vino.
Te he de cargar la nuca,
te he de enterrar mis manos.
No habrá Orestes en esta historia.
Mi hermano es hermano.
Boca mía, boca tuya
se juntará en mis pasos.
Cómo te destruiré es un pensamiento hosco
de día a día.
Tu pelo me encenderá.
Caminaré, simularé.
Te sorprenderé.

Un día
Electra recogió hilos salvajes entre las piedras de Micenas.
Salvajes nítidas hebras cortadas.
Ese día no le alcanzaron sus manos para aguantarlas.
A la boca se le prendió una.
Entre los dedos las piezas se enredaban.
Una ofrenda a la madre:
pedazos de tela desgajada
para limpiar la herida en el cuello.
Caminó por fin con rostro de paz hacia el cuarto.
Los pasos se vuelven pensando en el destino presagiado.
La duda,
la puerta tibia entreabierta,
ve a Egisto sin cara en su cama,
ve un bulto de desnudeces cuchicheando.
Su madre en piernas colgando.
El sacrificio perpetuándose en su lecho.
Clitemnestra con ojos de fiera acorralada le muestra
el universo deshaciéndose.
Las flores a Electra se le meten por la boca
como una araña blanca queriéndose guindar
entre los huesos.
El universo se rompe.

Cataratas de fango se desploman.
Los pies aguantados por el pánico
pierden la articulación
y caen.
Las manos se han vuelto un ácido de ramas moribundas.
El universo se ha convertido en cuerpos
   de hombre y de mujer.
Electra presencia.
Su madre vomita la venganza en su lecho.
Electra no puede más.
En cuclillas, vigilando se quedó
hasta que su cara se hizo arena y llena de contorsiones
nunca volvió a su sitio original.
La hija, reina de la acción, con los ojos de la madre jugó.
La mano todavía con el olor salvaje de gladiolos
aguantó el cuello y en dos instantes
el cuello se volvió raíces y una vez y otra vez
los dientes agrietaron el rostro de la madre.
La cara se volvió una pulpa roja,
los tendones, alambres deshechos por la ira.
Los dientes, molinos deshaciendo; la lengua,
un pañuelo largo calmando imprecaciones.
Las palabras finales de la hija a la madre.
Ya no eran personas sino dos perras salvajes.
Una deshaciendo, otra moribunda.
Una historia familiar en un palacio grande.

No hubo defensa para Clitemnestra.
Electra se volvió un guerrero desbaratando muros.
Quebró la razón los largos puentes.
El cuerpo quedó viciado sobre el suelo.
No hubo rasgos hermosos ya, la simetría rota,
el cabello cortado a dentelladas.
No hay testigos de la traición.
El palacio de Micenas nunca traicionó a los asesinos,
no importa qué muerte se otorgara.
No había ley. Se dependía de las acciones grandes
y mientras más heroicas
Micena más gozaba.
Un último detalle:
la hija, como trofeo,
arrancó el útero a la madre,
lo lavó, lo comió,
devorando así el primer recuerdo de su vida.

Sobre la poética de
Magali Alabau

Electra, Clitemnestra: el mito y el doble en la poesía de Magali Alabau[1]

Y en el espejo mi doble es tal vez mi contrario.
Anna Ajmátova

1. En el principio. Dialogismo, épica, mito y segmentación

Los estudiosos de la psicología homérica, en general, afirman que no existe en la lengua épica arcaica un término para nuestro concepto de "pensar". "El hombre moderno 'piensa', el homérico 'habla' consigo mismo o con su *thymós*" (Gil 239–240)[2]; ello permite asegurar que Magali Alabau es una mujer homérica porque en su obra la palabra es pensamiento, pensar es dialogar, la experiencia se vuelve conversación timótica, monólogo, puesta en escena.

---

[1] Esta es una versión revisada y corregida del ensayo publicado originalmente en la revista *La Habana Elegante*, No. 53, Primavera-Verano, 2013.

[2] *Introducción a Homero,* volumen editado por el filólogo clásico Luis Gil, es el estudio más completo que existe en lengua castellana sobre los poemas homéricos. Las ideas que allí se abordan han sido corroboradas y matizadas por los estudios posteriores, pero en general mantienen su vigencia. En realidad ello se debe a que los descubrimientos más importantes sobre la antigüedad grecolatina se realizaron durante los siglos XVIII y XIX, lo que explica que libros como este (escrito por los estudiosos de Homero y de la literatura griega más competentes de la península ibérica: Adrados, Gil, Lasso de la Vega), así como la *Historia de la literatura griega* de Albin Lesky mantengan plena vigencia a pesar del paso del tiempo y sigan siendo libros de obligatoria consulta en su campo de estudio. No obstante, las mismas ideas que citamos sobre la psicología homérica pueden leerse en libros de los últimos años, como *A New Companion to Homer,* editado por Ian Morris y Barry Powell y publicado en 1996 en la editorial Brill. En el epígrafe dedicado al arte ("Homer and Greek Art", p. 560) Anthony Snodgrass comienza afirmando precisamente parte de nuestro planteamiento: "Today there is a long-standing consensus that, in art-historical terms, that setting is to be placed within the epoch of Geometric style".

Así mismo, los estudios lingüísticos sobre el idioma homérico interpretan y explican que los términos "ver" y "cuerpo" tienden a la segmentación, a la visualización por secciones o miembros, y a nombrar al organismo por medio de la suma de sus partes. Todas estas características son señaladas por los especialistas como formas arcaicas del pensamiento épico, las llegan a comparar con las figuraciones esquemáticas y geométricas de la cerámica arcaica y "con los dibujos rudimentarios de nuestros niños: cabeza, brazos y piernas pegados a un círculo compacto que representa el cuerpo" (Gil 239–240). De ese modo, para demostrar que el intuitivo hombre homérico se enfoca en la parte de la figura que le llama la atención, argumenta Lasso de la Vega:

> (L)as representaciones arcaicas responden, más que a la costumbre del desnudo, a un modo "articulado" de ver que se dirige sobre todo a los puntos clave de la estructura y el movimiento, el mismo al que responden usos lingüísticos como llamar a una mujer "de bellos tobillos" o a la Aurora, "la de los dedos de rosa", por ejemplo. (Gil 239–240)

Los mismos epítetos anteriores evidencian que ese supuesto arcaísmo se vuelve no solo característica del género épico, sino ganancia y recurso de toda la historia de la literatura y del arte en general. Además, la psicología homérica, entendida como rudimentaria presentación geometrizante e infantil, regresa al arte del siglo XX a través de movimientos como el cubismo, el expresionismo, el abstraccionismo o las aparentemente ingenuas figuras de Joan Miró. Por lo que esa mirada segmentaria, dividida, enfocada más en las partes que en el todo, es también un elemento definidor de la (post)modernidad y del mundo contemporáneo.

Podría decirse, incluso, que el caos hesiódico o bíblico tiene una continuidad y una explicación científica en la teoría de la expansión, que hoy muchos aceptan tranquilamente como génesis del universo. Esta idea de la fragmentación como "epidemia" de nuestro tiempo, la defiende de modo consecuente Severo Sarduy (1937–1993) abordando el barroquismo desde su surgimiento en el siglo XVII ("barroco") y hasta el siglo XX ("neobarroco"), con ejemplos no solo literarios o artísticos, sino principalmente a partir de las fabulaciones científicas que se han aceptado como serias teorías y que explican la creación del mundo, como la del *Big Bang* (véase "Nueva inestabilidad" en Sarduy 1987).

Con el propósito de actualizar el concepto de "barroco" y focalizarlo en las tierras de América, Sarduy analiza la dispersión en autores como Lezama Lima, Pablo Neruda y Alejo Carpentier, y la condensación en obras de escritores como Cabrera Infante ("El barroco y el neobarroco" en Sarduy 1987); del mismo modo que Hubble considera que "el universo está en expansión y se originó en un momento dado [...] por explosión de la materia 'inicial'" (Sarduy 203), así también este continuo fraccionamiento se refleja en la obra de muchos autores del siglo XX y XXI tanto en el plano formal como en el contenido. Descentralización, infinitud, dispersión, son elementos comunes para la estética del barroco y para la postmodernidad. Por otra parte, Sarduy demuestra que esta relación entre los planteamientos científicos y algunas obras artístico-literarias confirma que tanto la literatura como las teorías científicas son, más que verdades inamovibles, recreaciones y ficcionalizaciones que dependen del entorno cultural y del pensamiento de una época.

En "Nueva inestabilidad" (Sarduy 1987) el ensayista cubano crea un arco desde Galileo hasta finales del siglo XX, atravesado por varios intentos de unificación, de cartografías y posibles maquetaciones del Universo que nos permitieran hablar de unidad, de sentido, de mapa lógico del firmamento. Pero a partir de los años 70, con el descubrimiento de las partículas z, con la descomposición de los electrones se demuestra que la segmentación de la materia es prácticamente infinita, que no existe una partícula fundacional, primigenia, y que se impone la "ausencia, ante todo, de un centro estructurante del sujeto" (Sarduy 27).

Con relación a lo antes expuesto, me interesa destacar (más que las características del "neobarroco") la persistencia de la fragmentación, la imposibilidad de "domesticar la imagen global" (Sarduy 31), la figura del Universo como una continua expansión caótica.

Magali Alabau se mueve entre la segmentación y el dialogismo homéricos; su obra es heredera tanto de Homero como de Sarduy; su poesía abarca tanto el Ciclo Troyano como la teoría de la expansión del Universo; oscila entre el *nostos* mítico y el camino a la deriva que caracteriza a la modernidad; entre la madre y la hija; entre el que se va y el que regresa. Aunque algunos de sus referentes son grecolatinos, su vocación es épica y no helenística, es escénica más que culturalista. Su poesía evidencia que la expansión fragmentaria y cosmogónica es un signo también de la incertidumbre existencial humana.

Con respecto a Homero y a la obra de Alabau, quisiera establecer un último paralelismo en cuanto a lo formal que explica el tratamiento del doble en ambos.

Son famosos los diálogos de los héroes épicos (Odiseo, Héctor) cuando, en medio de la batalla, dudan y hablan consigo mismos, con su *thymós,* que es una especie de *alter ego,* de cuerpo discursivo que encuentra en la palabra su materia y su reflejo. De ese diálogo con la conciencia, con nuestro propio espíritu, es resultado también el famoso pasaje de la *Ilíada* en su canto I, cuando Atenea (que solo puede ser vista por Aquiles) dice al Pelida que no se enfrente a Agamenón, que la obedezca, que aparte la ira y deje la discusión con el hijo de Atreo.

Homero divide el pensamiento de Aquiles entre lo que este por impulso desea y lo que por raciocinio y conveniencia debiera hacer. Atenea es, por tanto, el doble, el opuesto, la prolongación del propio Aquiles. Luego, en la introspección de la poesía lírica griega, esto se convertirá en lo que postula Safo desde la primera persona como "mi pensamiento es doble" (Ferraté 253) / "hay en mí dos almas" (Safo 60), o lo que declara Anacreonte: "Otra vez quiero y no quiero / y deliro y no deliro" (Ferraté 331). La parte delirante e iracunda de Aquiles es la que lo impulsa a sacar la espada y matar a Agamenón, la racional (encarnada por la diosa de la sabiduría, hija de Zeus) es la que le aconseja refrenar su cólera.

Alabau se mantiene en la línea homérica, hace de la contradicción un cuerpo, un personaje, una segunda persona, semejante al modo en que Homero personifica el pensamiento de Aquiles en la diosa Atenea. La evidencia más clara la encontramos en su primer poemario titulado *Electra, Clitemnestra* (Ediciones del Maitén, 1986), donde madre e hija son la encarnación del pensamiento contradictorio de la propia autora, equiparables a los pares Héctor-*thymós* y Aquiles-Atenea en la *Ilíada*. En *La extremaunción diaria* (Rondas, 1986), segundo poemario de la poeta, la idea del doble está desde los primeros versos: "Ni siquiera sé a quién dirijo las palabras / y en el fondo sé que es a un reflejo / que conocí en un abismo / atrás del tiempo" (7). Semejante procedimiento dialógico lo encontramos en *Hermana* (Betania, 1989), en *Hemos llegado a Ilión* (Betania, 1992 y 2013) y en *Liebe* (La torre de papel, 1993), como veremos más adelante.

Esta escritora que comienza a publicar poesía a los cuarenta años es hoy una de las poetas más importantes y de las voces más atendibles de la lírica cubana en el cambio de siglo (XX–XXI). Siguiendo las ideas que habíamos mencionado anteriormente de Sarduy, Magali dialoga en su obra con una línea segmentaria y polifónica que caracteriza en general a la lírica insular de las últimas décadas (1990–2010); algunos ejemplos de ello son las obras de Virgilio Piñera[3] y Damaris Calderón[4].

Ideas y versos como "el Universo deshaciéndose" y "el Universo se rompe" (*Electra, Clitemnestra* 34) encarnan en estas heroínas trágicas, en su enfrentamiento, la fragmentación cósmica de la que hablábamos en Sarduy, como característica de los tiempos modernos. Son,

[3] Aunque Piñera muere en 1979, el rescate y la reivindicación de su obra se ha llevado a cabo desde la década del ochenta (por autores como Damaris Calderón) hasta la reciente celebración del centenario de su natalicio en 2012. La relación de la obra de Piñera con la poesía de Alabau (además de que ambos tratan y versionan el mismo mito y comparten el interés por la tradición grecolatina), es visible en el énfasis de las contradicciones generacionales y los enfrentamientos familiares, la partida, la violencia, la ironía, la segmentación, el juego lingüístico; si bien es cierto que la intención de Piñera es paródica y burlesca, que hace del horror y la crueldad una carcajada, mientras que Alabau opta por una ironía más amarga y lóbrega, algo frecuente en la poesía cubana finisecular (1980–2000).

[4] Sobre la segmentación y el tratamiento del mito en la obra de Calderón, véase Cabrera 2009. Más adelante mencionaré algunos elementos que relacionan la poesía de Alabau con la de Calderón.

así lo afirma Reinaldo García Ramos, "como los restos de un cataclismo", "como las piedras de un desprendimiento cósmico". El propio crítico, con respecto a *La extremaunción diaria,* declara algo semejante:

> (L)a primera impresión que el libro da es la de que un cataclismo acaba de ocurrir. Es como si, después de la explosión y el diluvio, la autora recorriera las calles, observando de cerca los escombros y los fragmentos deformados de los organismos aún vivos. (García Ramos 19)

Al mismo tiempo, como mujer de las tablas, dedicada al teatro durante muchos años, la poesía de Alabau es continuidad de la escena, mezcla de epicidad[5], lirismo y dramaturgia[6]. El doble es, por tanto, en su obra, evidencia de su vocación homérica y dialógica, de su formación teatral, reflejo de la segmentación postmoderna y de la experiencia del exilio, y el mito es uno de los arsenales que utiliza para exponer sus inquietudes personales, sus vivencias y su cosmovisión.

---

[5] Entiendo como épico todo lo narrativo, a partir de la división genérica que los mismos griegos hicieron de los géneros literarios (épica, lírica, dramática) y que hasta hoy sigue funcionando en términos generales y sistémicos. El poemario de Alabau *Electra, Clitemnesta,* y en general toda su obra, tiende a contar hechos, a crear recorridos espacio-temporales, a referirnos acciones, viajes, vivencias. Además, *Electra, Clitemnestra,* por el tema mítico que aborda, se relaciona y pertenece al ciclo épico griego sobre Troya (Ciclo Troyano) y posee una línea narrativa de principio a fin: desde el sacrificio de Ifigenia y la salida de las naves hacia Troya hasta la venganza de Electra contra su madre. El libro es una versión (desde la lírica como género de marco) del matricidio en la casa de Atreo. También por su vinculación y tendencia a lo narrativo y a lo mitológico, Magali Alabau es una escritora homérica.

[6] Con respecto a la estructura dramática, García Ramos propone en su artículo una división que relaciona el poemario con la alternancia episodio/stásimon de la tragedia griega.

2. *Electra, Clitemnestra*. Este mito es un asunto de mujeres

Un chorro es mi vena en tu vena, Clitemnestra.
(*Electra, Clitemnestra* 12)

Más que en la interpretación ética que prioriza María A. Salgado en su lectura del primer poemario de Alabau a partir de la frase del *Fedro* que encabeza el cuaderno (Salgado 1993), quisiera hacer énfasis en la relectura en sí, en el acto de reescribir el mito. Electra es, precisamente, el único personaje que podemos leer en versiones sucesivas de los tres principales trágicos griegos a partir de las obras conservadas: *Coéforas* de Esquilo, *Electra* de Sófocles y *Electra* de Eurípides. De la joven doncella esquilea que duda ante el túmulo de su padre con las libaciones, que no sabe cómo actuar o qué hacer y que pregunta al coro pidiendo consejo; pasamos a una Electra cruel y fría, calculadora y dueña de sus pensamientos en la versión sofoclea, que ordena un doble golpe contra su progenitora. De ahí parte Piñera para caracterizar a su Electra Garrigó y también Alabau en su poemario, en cuyas páginas se enfrentan estas dos mujeres de fuertes caracteres con una violencia verbal que las hermana y aniquila a la vez[7].

En el caso de Clitemnestra, Alabau parece partir más de Esquilo, quien presenta a una mujer poderosa, que gobierna con mano dura y que tiene "corazón varonil", según afirma en su monólogo inicial el Atalaya de Agamenón. Como afirma Lesky, "(u)no de los personajes más vigorosos es la Clitemnestra de la primera tragedia"

[7] Con respecto al tema de la violencia en la poesía de Magali Alabau, puede consultarse Barquet 1999.

(284) en la *Orestíada*. Aunque también en Sófocles Clitemnestra es un ser despiadado y vengativo, "encarna la perversidad absoluta, pero sin la grandeza demoníaca que le confirió Esquilo" (Lesky 316).

Hay otro elemento sofocleo fundamental y paralelo a la lectura de Alabau: la conversión de Electra en su contrario, en su madre, en lo que antes negó. A ello apunta María A. Salgado en su interpretación al declarar que Electra quiere ser Clitemnestra (Salgado 83). El carácter especular del doble también se relaciona con lo que José Triana afirma en el prólogo a la primera edición de *Electra, Clitemnestra*: el dramaturgo cubano, autor de *Medea en el espejo*, dice que este poema es un "espejo de múltiples espejos" (7). El poema XIV, por ejemplo, hace del reflejo diatriba, *agón*:

> La destrucción de una
> traería la redención de la otra
> la magnitud de una reside en el aborto de la hija
> la madre traga a la hija
> la hija en turno aniquila a la madre
> y cohabitan
> como animales comiéndose. (29)[8]

El epígrafe de Alabau al inicio del poemario son los versos de Estesícoro que Sócrates cita en el *Fedro* de Platón como punto de partida para desdecirse de lo que antes había argumentado. El poema de Estesícoro, del cual solo se conservan fragmentos, se llama *Palinodia*, un canto de rectificación sobre la guerra de Troya y sobre la figura de Helena. El poeta griego niega que Helena hubiese ido alguna vez a Ilión, o que fuese la culpable de la

---

[8] Las citas de páginas y poemas sin más referencias pertenecen a *Electra, Clitemnestra* 1986.

guerra entre teucros y aqueos. La otra historia y la figura femenina en el centro de atención, son los núcleos que toma Alabau de la palinodia para rescribir el mito de la casa de Atreo: la tragedia que (re)presenta es un asunto de mujeres y una reinterpretación de la leyenda desde su individualidad y su presente.

El propio Estesícoro había escrito un poema titulado *Orestíada,* donde contaba los sucesos de la estirpe de Atreo. Y el propósito que mueve a Alabau es también hacer una palinodia donde el enfrentamiento encarnizado de dos mujeres unidas por un mismo odio y un mismo amor sea el centro, la focalización. Los personajes masculinos, como señala María A. Salgado, son referidos o instrumentos en manos de estas féminas terribles. En esta casa la que manda es Clitemnestra y se le opone Electra con todas sus armas.

Con respecto al análisis de Salgado, es importante aclarar que el esposo anterior de Clitemnestra[9] llamado Tántalo, no es el famoso ancestro de los Atridas (que es condenado por los dioses a padecer hambre y sed eternos), sino un hijo de Tiestes (tío de Agamenón). La cadena de crímenes sobre la casa de Atreo de la que parte Esquilo es mucho más larga y compleja[10], se remonta a la maldición

---

[9] Cito a María A. Salgado: "En el mito tradicional, Agamenón mató a Tántalo, marido de Clitemnestra para reinar en Micenas y fue muerto por Egisto por ese mismo motivo. En la versión de Alabau, Electra repite este mismo Patrón, matando a su madre con el fin de desplazarla y arrebatarle el poder" (83). Como fuente de estas ideas, la ensayista cita a Robert Graves. El autor de *Mitos griegos* y de *La guerra de Troya* se refiere en sus obras mitográficas a Tántalo, el hijo de Tiestes, un personaje de pasada, sin apenas relevancia. Con respecto a los enfoques feministas sobre la figura de Clitemnestra, es bueno recordar que entre los griegos era un acto de *hybris* (exceso, insolencia, ultraje) que una mujer gobernase, diera discursos y órdenes, por lo que su comportamiento no era aprobado por los espectadores, era una señal de que sería castigada por los dioses. El objetivo de Esquilo, desde su visión patriarcal, era, precisamente, demostrar la inoperancia del matriarcado como forma de gobierno. Por ello es tan interesante la inversión de roles sexuales y el desajuste constante entre lo femenino y masculino que Alabau lleva a cabo en *Electra, Clitemnestra.*

[10] Sobre los crímenes en la casa de Atreo, puede consultarse Thomson 341-342 y Grimal 62-63.

de Pélope (hijo de Tántalo y padre de Tiestes y Atreo), y más que seguir dicha cadena de venganzas familiares, como la propia crítica afirma: el texto de Alabau "no se centra en la venganza del asesinato del padre", sino "en la rivalidad entre madre e hija, y el tema de la venganza parece subordinado al del amor o, con más exactitud, al de la falta de amor" (Salgado 78). Alabau se muestra, además, interesada en exponer las contradicciones y relaciones paradójicas que existen entre madre e hija, entre el deseo y la violencia, entre el amor y el odio. Asistimos, más bien, a una puesta en escena del verso de Catulo: *odi et amo.*

3. "Meandros, repliegues, laberintos"

La relación entre madre e hija forma una serie de "meandros, repliegues, laberintos" (Triana 8) que seguidamente abordaremos. Electra se impone desde el principio, desde el título mismo, donde aparece primero que su progenitora, de modo semejante al fluido Electra de la pieza piñeriana[11]. En la nomenclatura del libro, los nombres están yuxtapuestos, unidos/separados por una coma. Si la autora hubiera utilizado una coordinación copulativa (*Electra* y *Clitemnestra*) tendríamos que decir que los nombres aparecen juntos; si, por el contrario, hubieran sido coordinados disyuntivamente (*Electra* o *Clitemnestra*), no hubiese opción y uno excluiría al otro. Por eso me parece tan acertado que Alabau los yuxtaponga. La coma es aquí un sema poderoso: al mismo tiempo delimita y comunica los dos nombres, los opone y los relaciona.

---

[11] En *Electra Garrigó* de Virgilio Piñera, el pedagogo afirma: "Sí, porque este palacio va a llenarse con un fluido nuevo que se llama Electra. Todo aquí se convertirá en Electra. ¿Formarías tú parte de esa infinita multiplicación de Electras?" (Piñera 35).

A partir de esas dicotomías que podemos intuir desde el propio título, se organiza el poemario completo y gran parte de la obra de Alabau al intentar recomponer la historia desde los fragmentos y los escombros. Electra se opone y prolonga a su madre, es su opuesto y también su complemento, despierta su odio y su deseo. Este "complejo de Electra" no va dirigido al padre sino a la progenitora, rompe las clasificaciones previas y las muestra obsoletas ante el deseo lésbico entre madre e hija. Cada una es, de forma recíproca y al mismo tiempo, amante y enemiga para la otra. El amor y el odio aquí, repito, son un asunto de mujeres.

El poemario comienza, precisamente, con el discurso de la hija. "Yo, como una voz / una oveja que gime": Electra es primero voz, palabra, discurso, sonido; personaje sintáctico[12] que parte de la primera persona para encontrarse y enfrentarse con la segunda, una voz que anuncia su disolución, su expansión desde los primeros versos, su confusión hasta con el sujeto lírico:

> Yo, como una voz
> una oveja que gime
> comprendo que si soy Ulises
> tendría que deshacerme. (11)

La estructura del poemario se mueve entre lo épico-narrativo y lo trágico-teatral. I trata sobre el sacrificio de Ifigenia, los deseos de venganza de Clitemnestra y los recuerdos de Electra de las naves de Ulises alejándose.

---

[12] Alabau hace de la palabra un escenario, la continuidad de su labor como mujer de teatro. La relación de sus personajes con el lenguaje (algo que la vincula también con Piñera y Damaris Calderón), el diálogo continuo entre el sujeto y su(s) doble(s) en poemarios como *Liebe, Dos mujeres* y *Hermana* permite afirmar que, en general, el *alter ego* y hasta el propio entorno es una fabulación discursiva en su obra. Sirva como ejemplo el fragmento siguiente del comienzo de *Hemos llegado a Ilión:* "Solo el lenguaje inventa este paraje, tampoco eso, una sorna / un decir las palabras, entrelazarlas, lanzar el híbrido entusiasmo, / descubrir". (Alabau 2013, 29)

II es la irrupción de lo erótico como venganza y odio hacia Agamenón por parte de su esposa. Clitemnestra ordena a Egisto que se clave en sus piernas, pero el acto sexual está focalizado a través de la violencia desde el primer instante, no se hace referencia a caricias o besos entre los amantes, todo lo contrario:

> Corrompe mi vientre
> sácame la noche
> entiérrame la furia
> golpea en un galope
> destiérrame
> sacude la capitulación del hombre y la mujer
> espanta, ejecuta. (13)

En lugar de las tradicionales muestras eróticas, se impone la furia, el golpe, el galope, el destierro, el espanto.

El poema I del cuaderno es la toma de consciencia de Electra de que está sola, con una hermana muerta, con un hermano pequeño e indefenso, con un padre que la ha abandonado, con una madre que la embiste y que trama la venganza contra Agamenón. Electra está sola. Corriendo de un lado a otro, "vuela" y "se comprime", la muerte hubiera sido una buena salida, por eso "envidia a la hermana". El libro inicia con la anagnórisis de Electra, quien toma conciencia de su situación y se reconoce en ella.

Si en I Electra se dirige en un verso a su madre extrañada del comportamiento de esta a favor de Egisto y en contra de su hija, es en III donde ya estamos en presencia del doble que la venganza y el odio igualan: "dos líneas rojas / tirando cada una la ira, látigos rojos ascendentes, descendentes, / descendiendo" son estas mujeres, una pasando al lado de la otra entre las piedras de la áurea Micenas, que se vuelven armas potenciales en manos de ellas, unidas por la lapidación: "Así se une la madre con la hija / y se agachan, lapidándose / para limpiar las piedras de Micenas".

En IV, Electra no puede dormir, se levanta vuelta hombre; convertida en Agamenón, se queda frente a la puerta de la habitación en que Clitemnestra baña en saliva a su amante. Esta muchacha tiene (como afirmara Esquilo sobre Clitemnestra en la *Orestíada*) un "corazón varonil", rejuego de Alabau con esa ideología patriarcal para decirnos que Electra-Agamenón se mueve por la venganza y el deseo, un mismo sentimiento dentro de sí. Nótese en el siguiente fragmento la agilidad sintáctica del discurso, de un alto carácter narrativo y asindético, y cómo los elementos erótico-somáticos de Electra se vuelven dagas afiladas frente a la puerta:

> Electra es hombre.
> Sus senos tienen lenguas en el centro:
> un cuchillo, un hacha, un gran mástil.
> Clitemnestra es agua, mar, lago,
> pozo.
> Electra se levanta, dispuesta llega a la puerta,
> oye los quejidos
> [...]
> Electra actúa, Electra muerde.
> Se convierte en el padre, tiembla,
> cae delante de la puerta. (15–16)

La tensión sexual entre madre e hija (que aquí se iguala a la venganza) se percibe en la oposición Electra-mástil y Clitemnestra-mar, Electra-cuchillo y Clitemnestra-pozo, lo agudo y punzante *vs.* lo lúbrico y penetrable.

En V habla Clitemnestra a su hija con sentimientos encontrados, contradictorios: recuerda la muerte de Ifigenia ("ahí donde parí, se pondrán flores diarias") y le pide a Electra que se aleje, "no me espíes, vuelca tus ojos de niña a mi vientre. / No quiero perderte" (17).

En las versiones de Esquilo y Sófocles, Clitemnestra recurría a mostrar el seno (como hacen Hécuba en *Ilíada* XXII y Yocasta en *Las fenicias* de Eurípides) para que Orestes no la matase y tuviera piedad de ella por ser su madre. Esa función la tiene aquí el vientre maternal. Por eso, cuando Clitemnestra en la versión de Alabau pide a su hija que mire su vientre, le está recordando que es su progenitora, para aplacar su odio, su rencor[13]. Como oposición, Electra (virgen y desamparada) tiene "el abdomen hueco", el útero "se (le) sale por la boca, / borbotea" (25).

La reina sabe que no puede convencer ni engañar fácilmente a la doncella, pero con Orestes el trato es dulce, amoroso, tierno, porque el pequeño no tiene consciencia de lo sucedido. De ahí que, como antítesis de todo el mal y la violencia en Micenas, de la propia Clitemnestra y de su hija envenenada por el odio y la sangre, tenemos el poema VIII, un hermoso cuadro de pureza e ingenuidad donde se continúa el rejuego con los roles sexuales heredados y se termina, precisamente, con la imagen del pequeño acariciando el vientre de su madre:

Orestes es un niño limpio y lánguido
Clitemnestra lo besa en las pupilas
le acaricia los brazos.
Cada mañana lo coge de la mano
le enseña los buques
mientras besa sus labios.
Orestes es una niña de Micenas.
No hay todavía caballos, ni armas
ni órdenes, ni piras.
Solo unos ojos serenos y una sonrisa.
Orestes es el aire más fresco.
Sus dedos todavía revisan los vientres de las mujeres. (22)[14]

[13] Me parece importante destacar la función del vientre en el poemario y en toda la obra de Alabau como símbolo maternal, de gestación, de ternura y al mismo tiempo del placer erótico.

[14] En *Amor fatal,* poemario de 2016, Alabau incluye una versión ampliada de este poema. A él me refiero en el ensayo *Eros, furia, fatum,* también incluido en este volumen.

La madre representa la pansexualidad, además de descrita y tangible, realizada. Es esposa, madre, amante, bisexual. Solo se detiene frente a su hija, a la que en V le dice "vete" y en XI, ante la invitación de Electra a enterrar "tus ojos en mis piernas", la progenitora "oye, muda está /, no se acerca". Por ello mismo, Electra es la insatisfecha, "un animal salvaje con el abdomen hueco" (25), con plena consciencia de estar sola, virgen, sin esposo, ni amante, ni Medusa en su clítoris, ni madre. Sin futuro, solo con su nacimiento y su memoria, y hacia allí se dirige. En el vientre maternal tienen que estar todas las respuestas, porque de ahí procede.

Clitemnestra no puede olvidar que es su hija, y la aparta, la expulsa, le pide "no me espíes, / esconde la cara. / Vuelca tus ojos de niña a mi vientre. / No quiero perderte. / Nada, húndete en mi almohada" (17), o se detiene con terror ante los reclamos a causa del miedo o del deseo de Electra en XI. A pesar de toda su crueldad, Clitemnestra no deja de ser madre y ve la solución en alejar a su hija.

Al inicio de este estudio, expliqué cómo los poemas homéricos se caracterizan por la focalización en distintas partes del cuerpo, como los pies ligeros de Aquiles, los blancos brazos de la Aurora, el fino talle de Helena, los ojos de novilla de Hera o los ojos de lechuza de Atenea. Mientras que en Homero dicho procedimiento pretende hacer resaltar una cualidad del personaje épico, Alabau utiliza un recurso semejante para describir y focalizar las zonas corporales que encarnan la violencia y el deseo de forma simultánea, la convivencia en un mismo contexto de Ares y Eros: La boca ("de su boca ranas crudas amamantan vergüenza" en la p. 16 y "su boca es un cordón ancho hacia la guerra" en la p. 19), las manos ("manos fuertes que en un cuello resultarían dibujos", en la p. 32), el cuello ("una madre es un cuello fácil de eliminar" en la p. 32 y "surcos morados en el cuello de Clitemnestra" en la p. 30), los ojos ("dos hienas rojas son los ojos de Electra" en la p. 27 y "los ojos son dos paños" en la p. 18), los senos ("sus senos tienen lenguas en el centro: / un cuchillo, un hacha, un gran mástil", en la p. 15), los dientes ("mis cuchillos son dientes" en la p. 30 y "las uñas se comen a los dientes" en la p. 16).

Como es evidente por los ejemplos anteriores, en Homero predomina el uso del epíteto épico y, por otra parte, Alabau prioriza el metaforismo para centrar la atención en las partes específicas del cuerpo, en estas piezas vivas que oscilan entre la caricia y el crimen. Para mover al amor o a la muerte dichas partes interactúan entre sí: las manos con el cuello, los ojos con la boca, las uñas con los dientes, los senos con la lengua..., algo que no encontramos en Homero.

Habíamos relacionado la misma focalización somática con la segmentación propia de la épica, pero también con las ideas de Sarduy sobre la extrema fragmentación que caracteriza a la (post)modernidad. En este fraccionamiento coinciden Magali Alabau y Damaris Calderón en determinados poemas. Por ejemplo, leemos en Alabau: "La cabeza camina sola ahora, vuelca el paisaje, / se mastica".

Por su parte, Calderón masifica el fenómeno de animación e independencia de los distintos miembros corporales:

> Hasta que las rodillas se volvieron locas o se enfermaron de rabia y empezaron a morder lo que se les pusiera por delante. Y hubo que quitarle el bozal al perro y ponérselo en las piernas.
>
> Luego los huesos escaparon de casa, cogieron su propio rumbo. Y su vida fue simple, descarnada. Como una articulación. (Calderón 12)

Ambas poetas se muestran, además, interesadas en abordar las contradicciones familiares y las luchas entre hijos y progenitores. Pero hay un tercer e importante elemento que relaciona a las autoras: la fusión de truculencia y voluptuosidad, el amor visto como enfrentamiento. De modo semejante a como describe Alabau la dureza de los senos de la esposa de Agamenón o los pezones de Electra (que "tienen lenguas en el centro: / un cuchillo, un hacha, un gran mástil", p. 15), Damaris Calderón también compara los pechos con "la opresión de una bala en la boca". En ambas poetas, la relación sexual es estado límite, próximo a la muerte, y tanto las lenguas o el cuchillo de los senos en Alabau como los pezones-proyectiles en Calderón conjugan amor y muerte (Calderón 34)[15].

Hay dos instantes discursivos en el libro de Alabau que encarnan y potencian esta dicotomía de Eros y Thanatos. VII es la representación descarnada y violenta de un Eros bestial. XIX es la imagen atroz del Thanatos que Electra lleva a cabo con los mismos elementos físicos que se caracteriza al Eros. Las partes del cuerpo de las que hemos estado hablando, que son focalizadas por el sujeto lírico para presentarnos la fusión de la violencia con el deseo (boca, senos, uñas, manos, dientes, lengua, ojos, cuello...) se conjugan e interactúan en los poemas antes mencionados para edificar y diseñar con ellos monstruos eróticos y tanáticos transidos por la violencia como factor común.

Al leer VII, descubrimos un personaje inesperado para el ciclo troyano: Medusa, dentro del mito, en su

[15] Sería provechoso y pertinente un estudio comparativo de temas como la muerte, la violencia, la segmentación, la verticalidad y el tratamiento del mito en ambas autoras.

caracterización física, tiene potenciadas las partes corporales que hemos venido analizando desde la épica homérica hasta la postmodernidad: su cabeza estaba rodeada de serpientes, tenía enormes dientes semejantes a los colmillos de un jabalí, manos de bronce, sus ojos echaban chispas, y ya sabemos que el objeto de su mirada quedaba petrificado instantáneamente. Después de muerta, de su cuello nacieron sus dos hijos, y siguió petrificando con la mirada. Por tanto, la selección de la Gorgona como amante de Clitemnestra no es gratuita en este libro; su físico es una sobredimensión monstruosa no solo en el mito sino también en el poema:

> Medusa anda en las colinas,
> sus serpientes se inflan
> y se inflan.
> La tapia oscura que todo lo cubre
> está mirando
> riendo a carcajadas.
> Medusa saca sus pezuñas y las clava en la tierra.
> Medusa abre y cierra las pestañas.
> Su boca es un cordón ancho hacia la guerra.
> [...]
> muerde los muebles, el piso
> como una pantera con agallas. Los ojos van arriba,
> van de lado
> van a todas partes
> menea su lomo, su cresta en cada filo. (19)

Y así mismo es la relación sexual entre la reina de Micenas y Medusa: un orgasmo colosal, ciclópeo, estentóreo; cuerpos que hacen de la crueldad, de sus miembros punzantes y agresivos la encarnación de un amor tan tenebroso y sangriento como la muerte:

> Clitemnestra se sienta.
> Y siente la lengua de Medusa en los pies,
> en cada seno.
> Sus pezones se hacen fuentes.

El placer entra.
Medusa la restriega y la desnuda,
la latiga, la sacude, la alza. Se le monta en el cuello,
le embarra la cara.
Lengua con lengua,
espuma roja, espesa.
Los labios queman, arden las orejas
Tantas serpientes en un clítoris
tanta blandura fuerte, sedienta.
Las caras se lamen; los ojos se encuadran
Las dos fieras se miran
Se tiran en una cama larga
Medusa monta un caballo largo
el techo las aplasta
y se unen
y se unen
y se aman
y se cortan de dientes.
Medusa le entra por la boca, por la espalda, y grita
Cada serpiente ocupa un orificio
Clitemnestra ladra.
Sus brazos amarrados a la gran cabeza desangran.
Dos mujeres vibran, se amoldan
mueren abrazadas
[...]
La leche de las dos se junta en una sola
y baja hacia el mar.
Clitemnestra ha dado sus senos duros
Clitemnestra ha recibido manos y manos y carne
en la boca
Su boca está seca, la cintura delgada. (20–21)

Por medio de esta animalización orgásmica, Clitemnestra alcanza la estatura de la Gorgona. Según la mitología griega, quien único tuvo relaciones sexuales con Medusa fue Poseidón, fue él quien se atrevió, entre todos los dioses y mortales. Pero en la versión de Alabau tenemos una muy sugerente y simbólica variación del mito. Para la reina de Micenas esta relación es un punto de giro importante, "Micenas renace, ya no hay heridas ni cráteres" (20); la Gorgona no solo satisfizo el insaciable apetito sexual de

Clitemnestra con "cada serpiente ocupa(ndo) un orificio" (20), sino que la ha sanado, la ha rejuvenecido, la ha hecho olvidar y comenzar de nuevo. Pero cuando, "en medio de la perfección vuelve la cabeza a dar el / último beso de la noche, ve a Electra" (21), la parte complementaria y contradictoria de ese amor, su reflejo mortífero, que busca el mismo vientre penetrado por Agamenón, Egisto y Medusa. Lo que persigue la joven con sus pretensiones incestuosas es regresar al origen, al amnios.

El voyeurismo insatisfecho de Electra, que ha sentido o visto a su madre yacer con Egisto y con la Gorgona, que ha estado noche por noche tras la puerta haciendo círculos, figuras, esperando su momento; o que ha mirado desde una distancia determinada el orgasmo descomunal entre Medusa y su madre, como asechando; aumenta la agresividad, la frustración y el odio de la hija. Algo ha de buscar en ese vientre que la dio a luz. El poema XIX (que cierra el poemario) es, como ya he dicho, la continuidad y la contraposición del encuentro sexual que hemos leído en VII. Estamos en presencia del segundo cambio de fortuna de Clitemnestra, que va del orgasmo múltiple, del golpe rotundo por un deseo titánico, a una fragmentación de su propio cuerpo, al *sparagmós*[16] dionisíaco llevado a cabo por parte de su hija, que busca en el útero materno la vida que ha perdido, el destino que se le ha negado, el placer que desconoce. Electra-bacante, al comerse el útero ensangrentado de su madre, está borrando el último rastro de su propia existencia. Su regreso al amnios, a la matriz nutricia es negación y autofagia, búsqueda ciega de sí misma en un espejo astillado.

[16] El ritual dionisíaco cuenta con tres momentos principales: *oreibasia* ("subida al monte"), *sparagmós* ("laceración de la víctima") y *omofagia* ("devorar carne cruda"). Electra, en el poemario de Alabau, termina realizando la desmembración de su madre (*sparagmós*) y comiéndose la carne y el útero maternos (*omofagia*), por lo que repite el ritual que dio inicio al género teatral.

En los poemas previos, Electra, enloquecida, en estado báquico de *enthousiasmós*[17], trama la muerte de su madre. Hasta que entra en la habitación donde hay un Egisto sin cara, inerte, que ni se opone ni participa. Los hombres quedan anulados en esta tragedia, tanto, que en XVIII la doncella dice que "no hay Orestes en esta historia", en esta ocasión el golpe final lo da ella. Al mismo tiempo que presenciamos la fragmentación de toda una ciudad, de un mundo, "(d)el Universo deshaciéndose" (34), el poema se focaliza (como antes vimos en la descripción de la Gorgona) en las partes corporales que llevan a cabo ahora el asesinato de Clitemnestra:

> El universo se rompe. Cataratas de fango se desploman.
> Los pies aguantados por el pánico pierden la articulación
> y caen
> Las manos se han vuelto un ácido de ramas moribundas
> [...]
> La hija, reina de la acción, con los ojos de la madre jugó
> La mano grande todavía con el olor salvaje de gladiolos
> aguantó el cuello y en dos instantes
> el cuello se volvió raíces y una vez y otra vez
> los dientes agrietaron el rostro de la madre
> la cara se volvió una pulpa roja, los tendones,
> alambres deshechos por la ira.
> Los dientes, molinos deshaciendo; la lengua,
> un pañuelo largo calmando imprecaciones:
> [...]
> La simetría rota.
> el cabello cortado a dentelladas.
> [...]
> La hija, como trofeo, arrancó con la mano el útero
> a la madre
> lo lavó,
> lo comió, devorando el primer recuerdo de su vida. (34-35)

---

[17] El término griego *enthousiasmós* significa "estar poseído por el dios", "tener el dios dentro". El ritual dionisíaco persigue la comunión directa con el dios.

El propio cuerpo de la joven, sus manos, sus dientes, su lengua son el arma del matricidio. Es Electra vuelta daga, jabalina, puñal. Su organismo, poco a poco, se va transformando. Todo su cuerpo se sobredimensiona, como antes sucedió con Medusa. Ella es, en medio de la sangre de su madre, masticando el útero y atropellando su rostro, Clitemnestra y Gorgona al mismo tiempo. Alcanza la dimensión titánica de ambas. Como una bacante, mastica el orden de sus días; delira, poseída, como "perra salvaje" (42), como versión inversa de Medea. Ha hecho de su venganza el orgasmo por negación, su envés, su más tortuoso reflejo. Y como Medea misma se transfigura en la diosa de la Venganza.

Desde el primer poemario de Alabau se aprecia que en su cosmovisión el mito, el mar, la ciudad, la familia, la violencia, el (homo)erotismo y el viaje son temas primordiales, con todas las peculiaridades ya vistas y por ver. En cuanto a lo formal, la autora se sirve de la yuxtaposición, de oraciones simples y nominales, de la enumeración, el asíndeton; todo lo cual evidencia cierta parquedad y precisión que acompaña su metaforismo y hace más cortante y rotunda la vehemencia discursiva y argumental. Este procedimiento enumerativo es utilizado por la autora en poemarios como *Hermana, Hemos llegado a Ilión* y *Volver* (Betania, 2012) para describir de forma parca el ambiente doméstico y cotidiano, los recuerdos de la infancia, como quien recoge los despojos de la memoria, de lo perdido y los yuxtapone.

4. Consideraciones generales sobre el doble y el mito en poemarios posteriores

Una de las figuras principales de la poesía de Magali Alabau es la ciudad: mítica (Micenas), extranjera (Nueva York), La Habana, así como su lugar de nacimiento en Cuba, que se convierte en poemarios como *Hermana*, *Hemos llegado a Ilión* y *Volver* en espacio solo accesible por medio de la memoria y la palabra. Un lugar imposible, que encarna el desarraigo, el regreso pretendido una y otra vez por el hablante lírico.

Es así cómo, en *Electra, Clitemnestra,* al destruir y devorar el útero materno, al mismo tiempo que Electra borra de la tierra su propia identidad, pretende encontrar respuestas, las caricias ausentes y el espacio del descanso y la plenitud que le han sido negados; en *La extremaunción diaria* le "falta esa forma que hace las cosas enteras" (7), al menos "un color familiar / que me perteneciera" (7), y en su búsqueda incesante camina una ciudad mórbida, en ruinas, con seres putrefactos y condenados; en *Hermana* vuelve a hacer de la fraternidad su doble, esa mitad desquiciada de sí misma que oye desde la memoria, pero que nunca llega a materializarse como la otra parte del espejo necesaria y perseguida[18]. Semejante al pretendido regreso (metafórico y literal) hacia el útero materno que leemos en su primer poemario, *Hermana* se convierte en una vuelta hacia la casa de la infancia, hacia la hermana que es también prolongación de sí misma, encerrada en un hospital psiquiátrico, en una ciudad anónima, en algún lugar perdido entre Nueva York y Cuba. Volcada hacia la segunda persona de la que termina alejándose, el sujeto lírico se queda en medio de un

[18] Con respecto al doble en *Hermana*, puede consultarse Beaupied 1996.

lugar que no reconoce, de una ciudad cuyo nombre ha olvidado, de un instante que podría ser muerte o nacimiento: comienza enumerando los objetos domésticos, los recuerdos, las estancias de la casa y termina sin saber dónde está, sola, perdida sin el tú que permaneció hasta el final en el recuerdo y la ausencia.

En *Liebe,* en medio de ruinas y muerte, la ausencia del cariño materno sigue siendo elemento común entre los distintos libros; como en *Hermana,* el poema es una larga conversación con la ausente: la madre, la amiga, la Muerte que son, desde la ausencia misma que las nombra, prolongación del "eterno femenino"; la persistente incertidumbre existencial.

En *Hemos llegado a Ilión* Alabau regresa a la ciudad legendaria como motivo, pero esta vez no habla desde los muros de Troya, como sí construyó su historia sobre la casa de Atreo en el primer libro uniendo piedra con piedra de las antiguas murallas micénicas. Caemos de golpe en una ciudad moderna en esta ocasión, y la relación con la Troya mítica es a través de la alegoría, del lenguaje. Ilión encarna el *nostos* eterno, el regreso negado una y otra vez, de poemario a poemario, el desarraigo, la pérdida, el absurdo a partir de las asociaciones con la realidad cubana.

Aunque en *Electra, Clitemnestra* se habla de la partida de los griegos y se espera su regreso, la tragedia se concentra principalmente en el enfrentamiento madre-hija. No obstante, el tema del viaje y el retorno al menos queda enunciado. En próximos libros (como *La extremaunción diaria* y *Hermana*) este tópico se profundiza, alcanza mayor visibilidad. En *La extremaunción...* el hablante poemático es una balsera en medio del mar, también hace énfasis en su condición de exiliada, de judía, de perdida, de escapada.

En *Hermana* el regreso al suelo natal, al hogar de la infancia permite también la introducción del tema de la insularidad como encierro.

La división del sujeto se refleja con frecuencia en el espacio: un jardín dividido en dos por un camino de asfalto, una pared que nos separa del sol y que nos hunde en la sombra (en *Hermana*), al mismo tiempo que a veces no sabemos en qué lugar se está, si en Nueva York, si en un tren, si en un avión, si en Cuba, si en un hospital, si caminando las calles (*La extremaunción…*). Un sujeto que proyecta su segmentación en el entorno, o que ve en las ruinas que le rodean un símbolo de su vida incierta, de su propia destrucción. La hermana, la amiga, la Madre, el anciano que conoció un día son continuidad de un tú que construye y en el que proyecta parte de sí, en el que persigue, como a ciegas, "la diestra de Dios Madre", un arquetipo con vientre, un *logos* con útero, una matria de luz (*Liebe*).

En *La extremaunción diaria* la tradición judeocristiana gana mucho protagonismo en medio de una ciudad enferma y decadente. Por otra parte, el mito griego es la base del primer poemario que le permite a la autora exponer sus inquietudes sobre la existencia, la familia, la muerte y el amor; además de que la tradición clásica suele aparecer en aisladas pero atendibles referencias dentro de sus libros posteriores. Incluso en *La extremaunción…* el mito de Prometeo se convierte en reflejo del sufrimiento, de la fragmentación que vemos en la ciudad habitada por el sujeto lírico y que en el plano lingüístico en este cuaderno es más visible. En *Liebe* aparece una invocación a Diana que recuerda el ruego de Crises a Apolo en el canto I de la *Ilíada* y a los himnos de la poesía lírica griega arcaica, al mismo tiempo que (como la figura de Prometeo y semejante al final de Electra devorando a su madre) se relaciona con la desarticulación física, con la violencia y la muerte. En *Hermana* el hablante afirma que los padres "quieren borrar / el pequeño incidente / de la guerra de Troya" (22), lo cual dialoga con el asunto de *Electra, Clitemnestra* y anuncia la vuelta a la Troya de la memoria, a la Troya insular, a la cárcel de agua en *Hemos llegado a Ilión.* Precisamente este último poemario regresa a la tradición clásica, pero el centro no es el mito, sino que la historia personal del desterrado va creando otra mitología mucho más personal, doméstica y contemporánea que remite a la leyenda por medio de analogías que enriquecen, complejizan y amplifican las lecturas sobre el regreso y la diáspora.

Reinaldo García Ramos declara en su artículo que los primeros "dos libros adolescen *(sic)* todavía de cierto descuido propio de los poetas al inicio" (García Ramos 19), pero en realidad la obra de Alabau no ha dejado de tener ese supuesto "descuido". Más que pretender la simetría y el equilibrio en las formas, la poeta escribe como quien cavila y conversa de modo espontáneo, consciente de que "no hay posibilidad de ser exacto" (*La extremaunción diaria* 28) y de que "argumentar es / dejar rastros" (Alabau 1989, 21). Su incesante búsqueda intuitiva y continua es —además de existencial y filosófica— lingüística, pero no pretende hacer de la palabra un ejercicio de equilibrismo experimental; desea encontrar en el decir, la precisión que le permita contar lo que le inunda. La autora a veces escribe y se rectifica a sí misma ("Ya en la balsa nos hemos quedado Dios y yo. / Balsa no, rama / ya en la rama nos hemos quedado Dios y yo", en *La extremaunción diaria* 18): el poema como un ensayo, como ejercicio prolongado de la mente y la memoria. El acabado del verso no está en la perfección formal, sino en su aparente y espontánea imprecisión, que deviene signo de un fluir discursivo e indagador y que encarna el absurdo cotidiano, la introspección incesante, el equívoco vital.

Esa búsqueda en el lenguaje cristaliza y da sus mejores frutos en *Hemos llegado a Ilión*, poema-libro que conjuga la mayoría de los temas que ya mencionábamos desde *Electra, Clitemnestra*, pero que en este se profundizan y se concretan: el viaje, la búsqueda, la ciudad, el mar, el doble, el mito, el desarraigo, las miserias familiares y domésticas. Con respecto al discurso baste citar a la propia autora a comienzos de este cuaderno para entender su postura, su poética y su cosmovisión: "Solo el lenguaje inventa este paraje, tampoco eso, una sorna, / un decir las palabras, entrelazarlas, lanzar el híbrido entusiasmo, / descubrir" (Alabau 2013, 29).

De Electra-Clitemnestra a las dos hermanas, que también serán dos mujeres, pero que ya en Cuba-Ilión es una con dos monederos, con dos países, con dos cabezas, animal bicéfalo que va, como Perséfone cubana, como Perséfone Pérez, de infierno en infierno, seis meses allá y seis meses acá, pretendiendo el equilibrio. Con amarga precisión, con ironía ("Hay muchos hospitales. / Todos repiten al unísono / HAY MUCHOS HOSPITALES. / Padre de Dios, ¿son tantos los enfermos?", Alabau 2013, 39) Magali / Perséfone describe la triste y absurda realidad de la isla. Un país viciado, enfermo de consignas, que reconstruye en la memoria más que en lo que ve; un territorio dividido (como el propio hablante lírico), con su mitad ausente, desterrada, mórbida, semejante a la Micenas del primer libro y a Nueva York en el segundo.

Como Milena Rodríguez, creo que "con *Hemos llegado a Ilión* [Magali Alabau] consiguió la obra que buscaba, su obra maestra" (Rodríguez 10). El dialogismo, la fragmentación, la búsqueda, la teatralidad tienen en este extenso poema de corte épico un fluir desde el vértigo mismo, desde la sangre, desde la experiencia del desterrado. Electra devorando el útero materno o Perséfone Pérez regresando a la isla infernal son dos imágenes que desde el mito expresan la imposibilidad de volver, la eterna negación del equilibrio.

Busco, busco, busco: repite el sujeto lírico en *La extremaunción diaria*. Alabau sigue dejando testimonio de esa indagación que profesa en todo lo que escribe. De Micenas a la insularidad, a la isla como castigo y reflejo. A través de una lectura continua de su obra constatamos que la autora parte del palacio Atrida y cada vez tiende más a la cotidianidad doméstica, a la miseria del sujeto moderno. Hay un arco continuo en su escritura entre los hilos de sangre (*Electra...*) y la cuerda floja (*Hermana*). Existe una razón para seguir los pasos de esta mujer: en su reflejo, en su opuesto también estamos. Perséfone Pérez, su regreso, completan nuestro propio perfil. Leerla es leernos.

Magali Alabau:
Eros, Furia, *Fatum*[19]

La base y el origen de la literatura occidental están en la fusión del Eros y la Furia. Desde la *Ilíada,* cuya primera palabra es precisamente "cólera", la ira es directamente proporcional a la pasión: Aquiles es más violento mientras mayor es su afecto por el amigo perdido. Precisamente cuando el Pelida sabe de la muerte de Patroclo es entonces que su *hybris* sobrepasa todos los límites, se olvida hasta de comer y trasgrede los códigos heroicos y divinos a los que él mismo responde y que también representa. Aquiles odia más mientras más ama.

La civilización moderna, lo que entendemos por "moral", "educación" y "buenas maneras", lo que representan instituciones como la justicia, la policía y el matrimonio han consistido hasta hoy en domesticar y legislar estas fuerzas, estableciendo así los límites del deseo y la ira dentro de los códigos de lo socialmente aceptable según cada época. Es lo que Peter Sloterdijk llama "economía thimótica" o "administración religiosa y civilizatoria de la ira" en *Ira y tiempo.* Piénsese, por ejemplo, en la pena de muerte como forma oficial también de administrar la violencia y preservar el orden. Nuestro sistema ético consiste en dosificar y juzgar el placer y la furia. La literatura, en cambio, desde sus

[19] Este texto fue publicado en la revista *Conexos* el 8 de junio de 2016.

propios orígenes, persigue comprender esas fuerzas y las consecuencias que conllevan.

Empédocles de Agrigento acertó al determinar el Eros y la Discordia como las energías creadoras fundamentales del universo. Pero las mismas hay que entenderlas dentro de "lo opuesto concorde" heraclitiano: son encarnación de la armonía de lo discordante. De ese Eros furioso, de su carácter cósmico y descentrado surge la obra de Magali Alabau que en ocasiones parece una puesta en escena del verso de Catulo: *odi et amo.* Su poemario *Amor fatal* (Betania, 2016) da fe de la confluencia entre erotismo y furor. Dividido en dos secciones llamadas "Primer acto" y "Segundo acto", el libro pretende ser una representación escénica tanto del crimen como del amor.

La lírica de Alabau parece, por muchas razones, la versión femenina de la cólera aquilea. En su primer poemario, *Electra, Clitemnestra* (1986), la autora representa la ira de Electra que, como en Aquiles, fusiona odio y amor, violencia y placer. Pero, a diferencia de este, en Alabau suele ser una misma persona la que aviva y recibe ambas fuerzas devastadoras: un cuerpo receptor que es Patroclo y Héctor a la vez. Electra se opone y prolonga a la madre, es su opuesto y también su complemento. Clitemnestra despierta en ella odio y deseo. Como en Heráclito, en sus versos la única concordia posible está en el contraste, en la contradicción, en el desajuste. Eros, en la poética de Alabau, fusiona las fuerzas de Empédocles: en su discurso el odio es amor y viceversa.

Su *pathos* es el de Eros en Anacreonte que, como un leñador, asesta un hachazo sobre el cuerpo del amante, o como el de Hesíodo y Safo que desarticula, resquebraja, parte los miembros. Desde esta desarticulación hesiódica y sáfica, en medio de la fuerza teogónica del Eros que comulga con el Caos, del impulso timótico parece erigir su discurso Magali Alabau. Fragmento y dispersión que evidencian la pérdida y la búsqueda de sentido, la necesidad y la imposibilidad de comprender el significado de la existencia. Por esa razón, su Electra termina devorando el útero materno, es el modo de destruirse y buscarse a la vez. Hace de la venganza el orgasmo por negación, su envés, su más tortuoso reflejo. Busca en el útero materno la vida que ha perdido, el destino que se le ha negado, el placer que desconoce, la comprensión de su origen. Desde estos cardinales que remiten al inicio de su poesía, escribe Alabau en *Amor fatal:*

> Lleno de violencia,
> el amor se expresa
> en ciertas formas de besar.
> El útero clama
> un orgasmo
> que se aguanta
> y sube hasta la espalda desgarrado. (21)

Amor fatal, por tanto, puede leerse a partir de lo que Rubén Darío declara en su texto "Lo fatal", pues también en Alabau hay constancia de "ser y no saber nada, y ser sin rumbo cierto, / y el temor de haber sido y un futuro terror… / Y el espanto seguro de estar mañana muerto, / y sufrir por la vida y por la sombra y por // lo que no conocemos y apenas sospechamos, / y la carne que tienta con sus frescos racimos, / y la tumba que aguarda con sus fúnebres ramos, / ¡y no saber adónde vamos, / ni de dónde venimos!…" (Darío 297). Estos versos del autor de *Azul* bien podrían ser la nota de contracubierta de *Amor fatal,* en ellos se sintetizan muchos de los motivos de la poética de Alabau: el sinsentido existencial, la ausencia de meridiano y rumbo, la oposición entre vida y muerte, la fusión entre el terror y el deseo.

Como en *La extremaunción diaria* (1986), *Hermana* (1989) y *Hemos llegado a Ilión* (1992), la memoria en *Amor fatal* se mueve indistintamente entre La Habana y Nueva York, los desplazamientos temporales y espaciales son continuos. Las fronteras políticas y geográficas son constantemente trasgredidas y cuestionadas en el cuaderno, forman parte del caos regenerador. El punto de partida del libro es, en efecto, la imposibilidad de recorrer el tiempo pasado y, sin embargo, en esa conjunción de paradojas y contradicciones de su obra, comienza a tener lugar lo supuestamente negado, en recorrido insólito. La memoria, que también evade y burla toda frontera, transita espacios, escenarios, representaciones memorables, vivencias, padecimientos. Dentro de esos recuerdos son fundamentales en *Amor fatal* las experiencias en los bares neoyorkinos y en el ámbito teatral.

La fragmentación y el desmembramiento abarcan (e influyen en) el entorno, el cuerpo, el proceso creativo, el lenguaje y su tono coloquial. El propio discurso de Alabau parece estar conseguido a machetazos, entre respiraciones breves, en medio de un compás que es truncado pero también fluido; entrecortado y preciso a la vez. Eros secante: tanto el diálogo íntimo como la interacción con la ciudad y la naturaleza parecen estar impulsados en Alabau por el *lysímeles* teogónico. Esa tendencia fragmentaria, enumerativa, de yuxtaposiciones sofocadas es la que explica que el cuaderno esté escrito en verso y no en prosa, a pesar de su evidente tono narrativo.

El cuaderno es un desafío al orden sanador, moral, normativo, dictatorial a veces desde el padecimiento mismo, desde la dolencia y la morbosidad. Canta desde los márgenes del amor, sobre las formas del Eros menos convencionales y menos aceptadas: el homoerotismo, la promiscuidad, la prostitución, la drogadicción, la ilegalidad, la emigración, el sida, la muerte: modos que trasgreden la administración y domesticación timótica. El cuerpo enfermo y homosexual en su desmembramiento y putrefacción se rebela y deviene antítesis de la plenitud higiénica heteronormativa, de los preceptos ontoteológicos:

> Sí, que me castigue tu Dios luciferino
> que sacrifica homosexuales,
> prostitutas, haitianos, drogadictos
> y a un montón de gente.
> Muerte que usas estiletes cuando vas a la iglesia,
> retándote, aquí estoy, en la jaula.
> Esperando que me robes los riñones. (63)

La autora se opone al orden doméstico que le parece dictatorial y que constituye otra representación más de los modos de opresión social que persiguen controlar y limitar el deseo:

> El orden tiene su lenguaje,
> el del control y la factura.
> Prepara su uniforme y el castigo.
> Ve las cosas en grandes cantidades,
> al por mayor y en dos colores.
> Todo lo que guarda es útil.
> No hay plantas en su departamento,
> ni siquiera un perro,
> si acaso tiene algo
> es un pájaro encerrado en una jaula. (79–80)

El proceso fragmentario y truncado de la escritura refleja la falta de plenitud vital. Algo semejante sucede con las referencias al teatro que, además, crean vecindades entre la escena de representación y la escena del crimen. El asesino en estas páginas es la encarnación de la violencia y la crueldad que sobrepasa todo orden, toda ley, todo límite social, que atrae y aterra, y que al mismo tiempo posee una belleza atroz, fulminante:

> Yo no sé su nombre.
> Se reproduce y aparece en toda época.
> Es omnisciente, todo lo ve y todo lo oye.
> No sé si es uno o muchos.
> Se trata de una dimensión
> donde la compasión se desconoce.
> No sé qué nombre tiene este visitante
> tan famoso que engaña
> y su belleza nos deslumbra.
> No sé si es él o ella.
> Solo tengo referencias aprendidas
> saboreando dolor y testimonios. (101)

Una representación de asesinato violento que podría considerarse paradigmática en la poética de Alabau es la que se lee en el poema "Orestes era un niño limpio y lánguido" que es una amplia versión del poema "VIII Orestes" de su libro iniciático *Electra, Clitemnestra.* En la versión de *Amor fatal* se mantiene al inicio la limpidez y ambigüedad sexual de la primera versión. La autora retoma el tema mítico del matricidio que realizaba Electra en el poemario de 1986 y que ahora se da a manos de Orestes. En las primeras estrofas, Orestes es inocente, cristiano, pulcro, vital, competente, cumplidor, integrado a la sociedad con un trabajo en una corporación. Hasta que un día se ausenta. Al distanciarse de su vida cotidiana, la ausencia del Orestes de Alabau puede compararse con la de Aquiles que, al ausentarse de sus deberes como guerrero, de la guerra que es la gran corporación de entonces, desborda lo políticamente correcto y, como señala Felipe Martínez Marzoa, consigue "presencia de la ausencia" (38). Orestes deviene entonces "no-sujeto", cuestionamiento de lo óntico, distanciamiento de lo común y lo establecido. Su trascendencia es consustancial a su exceso, a su fracaso y a la fatalidad que está anunciada desde el título.

Lo que sabemos de Orestes en Alabau lo informa la voz enunciante. A partir de su ausencia el joven se vuelve el reverso de todo lo que representaba: es el cuerpo enfermo del asesino. Tiene sida y mata a su madre. Su pulcritud se disuelve en el sangramiento, su competencia es puesta en función de cada martillazo que da al rostro de su progenitora, su vida cristiana contrasta con su homosexualidad descubierta. Su reacción ante el orden y el cuidado materno que él mismo reproducía a diario es engendrar el caos. Orestes termina siendo el ausente enfermo, asesino, caótico, delirante, homosexual, criminal, prisionero, repudiado por su familia que es juzgado, condenado y castigado por liberar sin ningún límite su violencia y su deseo. Como Aquiles, muere por dejarse llevar por la pasión y la ira, por trasgredir todos los límites establecidos, por su *hybris*.

"Cada época tiene su cámara / diminuta para la disección" (105), argumenta la autora. La cámara de Alabau, desde la intimidad, es cósmica, va desde el detallado y vivo desorden de los objetos domésticos hasta la segmentación del propio cuerpo, la naturaleza y la memoria. Su Eros se confunde con la Furia, encarna el Caos que cuestiona y devasta cualquier forma de ordenamiento, abarca la homosexualidad opuesta a la dictadura heteronormativa, es portador de la enfermedad como síntoma de rebeldía contra la esterilización higienizante y el estado sanitario incluso estando al borde de la muerte, y establece correspondencias y equivalencias entre cuerpo y espacio, víctimas ambos de la misma fragmentación, pues el organismo es expuesto a los mismos procesos de degradación que el entorno.

El cuerpo del deseo, desnudo, expuesto, trasgresor, propenso al descalabro, desvalido y desafiante a la vez, es el que aparece frontal, en las ilustraciones de portada e interiores realizadas por Sylvia Baldeon (a quien está dedicado el libro). Las mismas son como naturalezas muertas en las que aparecen esqueletos en medio de una acumulación abigarrada de objetos y de torsos grecolatinos cuya mutilación es semejante a la que se describe en los poemas y análoga a la sintaxis fragmentaria de Alabau. En ese caos que reflejan las imágenes uno descubre también belleza, referencias clásicas, mezcla de estilos, posibilidad infinita. La buena literatura tiene eso: encuadra la furia, encuaderna el deseo sin ponerles límites, sin hacer caso de la *doxa.*

Gramaticalidad *queer*. Estudio homomorfológico a partir de la lírica de Delfín Prats y Magali Alabau[20]

1. Pertinencia y necesidad de un estudio homomorfológico[21]

En 2006, cuando aún era estudiante de Filología, la redacción de la revista *Extramuros* de Ciudad de La Habana me encargó un artículo sobre un libro que intentaba proponer un recorrido analítico a través de la literatura cubana de tema homoerótico[22]. Desde ese momento me pareció apreciar que los estudios *queer* en torno a Cuba se basaban principalmente en elementos históricos, sociales, culturales, políticos, temáticos más que en asuntos de lengua, de retórica propiamente dicho. Por ello, al final de mi análisis, argumentaba que "(n)o se ha confirmado que exista una praxis propia que diferencie esta literatura de otra, por lo menos de manera científica y que yo conozca". Sin embargo, me parece que "(a)lguno(a)s feministas defienden la constatación de una escritura femenina, la literatura de

---

[20] Esta es una versión revisada del capítulo homónimo publicado en el volumen *Nuestro Caribe. Poder, Raza y Postnacionalismo desde los límites del mapa LGBTQ* editado por Mabel Cuesta y publicado en la Editorial Isla Negra en 2016.

[21] El término "homomorfología" lo utilizo para referirme a las marcas morfológicas que contextualmente pueden definirse y constatarse como signos homoeróticos en el discurso.

[22] Me refiero al volumen *De Sodoma vino un ángel.* Editorial Oriente, 2004, 158 pp. de Pedro Pérez Rivero. El artículo sobre el libro en cuestión apareció en varias revistas cubanas *(Extramuros, La letra del escriba, Cubaliteraria, La gaceta de Cuba)* y la versión definitiva del mismo fue publicada en la revista académica de la Universidad Carlos III de Madrid *Cuadernos Kóre.* 1.3, 2010, 27–36, bajo el título "De Sodoma: la historia por contar. Sobre literatura de tema homosexual en Cuba".

tema racial usa sobre todo las lenguas relacionadas con las distintas etnias"; procedimientos estos que propician "un estudio en los varios niveles de la lengua y da(n) más posibilidad para comprobar la validez de un *corpus* textual que responda al feminismo, etnicismo u homosexualismo" ("De Sodoma..." 36). Ni entonces ni ahora "quiero dar por seguro que exista un 'modo *gay*' de escribir, con respecto a lo que tengo muchísimas reservas", sin embargo, "sí pueden analizarse ciertos campos léxico-semánticos que se reiteran en más de un autor y vienen a ser como una fuente común, o un modo análogo de creación" ("De Sodoma..." 36). Un ejemplo de ello nos lo da Daniel Balderston, quien hace resaltar un "código que se repite en varios poetas homosexuales de la generación de Ballagas" (Balderston 8, citado en "De Sodoma..." 36). Sin embargo, "(n)o coincido con Balderston en hacer el estudio sólo con poetas en los que sea constatable su filiación *gay*; esto sería, como he sostenido antes, simplificar el fenómeno" ("De Sodoma..." 36). En el artículo de 2006, ilustraba "este modo hermenéutico para demostrar que existen otras vías de acercarse al texto, y que, de ser puestas en práctica, la convergencia de todas ellas permitiría probar o no lo que se persigue" ("De Sodoma..." 36).

Desde la escritura de ese texto he seguido cavilando sobre asuntos similares. Este trabajo, por tanto, pretende ser continuidad de ideas que afirmaba hace casi diez años y que aparecen (con mayor o menor fuerza) en algunos de mis artículos académicos publicados en el último lustro[23].

---

[23] Algunos trabajos previos en los que señalo ciertos elementos morfológicos por su significación son: "La imaginación de la bestia: poesía y poética en Félix Hangelini", en Félix Hangelini. *El bosque escrito.* Editorial Hypermedia, 2013, pp. 9–27; "Epílogo", en Félix Hangelini. *Inocentes hipopótamos blancos.* Editorial Hypermedia, 2014, pp. 111–120; "*Electra, Clitemnestra*: el mito y el doble en la poesía de Magali Alabau", en *La Habana Elegante.* No. 53, 2013 (incluido en el presente volumen); "Delfín Prats: poesía como negación y censura en Cuba", en *Aula Lírica.* No. 6, 2014, pp. 1–16.

Si en 2006 proponía hacer un estudio léxicosemántico (quizá porque era evidente y porque una voz reconocida como la de Daniel Balderston lo ponía en práctica) y en general en los varios niveles de la lengua (como decía entonces a partir de los análisis de poesía negra y de escritura femenina), actualmente considero que se puede y se debe comenzar por el nivel morfológico a la hora de hacer un análisis homoerótico de esta índole.

La morfología, al mismo tiempo que constituye muchas veces una marca tangible e innegable en el discurso, también puede ser y en estos casos es un punto de convergencia entre las formas más simples del lenguaje y las ideas más generales y amplias del texto en cuestión, llegando a relacionarse y a reflejar (a partir de los mismos elementos lingüísticos enfocados) ideologías, políticas, censura, elementos históricos, etcétera. Porque la historia de la lengua, sin duda alguna, se alimenta de todos ellos. El lenguaje es reflejo de nuestros avances y limitaciones. Si bien la morfología abarca una serie de signos bastante amplia, para este estudio nos interesan principalmente las oposiciones de género, número y persona.

En su volumen *Lingüística estructural* (1974), Francisco Rodríguez Adrados aborda el concepto de "convergencia" y explica que suele existir, en distintos grados, una relación entre forma y contenido, una convergencia entre los distintos niveles del lenguaje (significante) y las ideas que se desean transmitir (significado). Adrados, además, señala que el significado incluye los contextos extralingüísticos y refiere la fluida relación que se establece entre la unidad del lenguaje, el texto y el contexto como elemento condicionante del sentido (Rodríguez Adrados 534–35).

Con esas ideas que maneja Adrados se relacionan, sin duda, las oposiciones morfológicas en la poesía, la literatura y el lenguaje en general. En el caso de los autores que proponemos estudiar (Delfín Prats y Magali Alabau), estos elementos están potenciados tanto dentro de la unidad del texto como por causa de los contextos extralingüísticos, por las características sociopolíticas de Cuba en los años sesenta y setenta. En el caso de Delfín Prats, como tendremos oportunidad de ver en detalle, el contexto sociocultural, político, así como la sexopolítica[24] oficialista cubana determinan los cambios, las (auto)censuras y las alteraciones tanto morfológicas como lexicográficas dentro de su obra poética.

Además de ese reclamo que establecía en 2006, me ha interesado posteriormente otro asunto sobre la supuesta (y creo que equivocada) división entre estudios culturales y retórica tradicional. En 2009, a petición del Catedrático español Miguel Ángel Garrido Gallardo, quien entonces era mi profesor de Teoría Literaria en el Consejo Superior de Investigaciones Científicas en Madrid, escribí una reseña sobre un amplio compendio de Teoría Literaria[25] coordinado por él mismo. Había una idea sobre el divorcio entre "literariedad" y "estudios culturales" que él manejaba desde la introducción y que me sentí obligado a abordar: yo no estaba de acuerdo con la oposición entre retórica y estudios *queer* o postcoloniales, entre "lo literario" y los llamados "estudios

[24] El vocablo "sexopolítica" es un neologismo académico de un uso relativamente extendido en los estudios de género y procede del pensamiento de Michel Foucault sobre la biopolítica. En el caso cubano específicamente, me refiero al modo en que, desde el poder, se legitima y organiza la sexualidad desde postulados heteronormativos y de un modo discriminatorio y excluyente, en especial durante los años sesenta y setenta del siglo XX.

[25] Me refiero al volumen de Garrido Gallardo, M.A. (dir.), L. Dolezel *et alii*. *El lenguaje literario. Vocabulario crítico*. Síntesis, 2009, 1502 pp.

culturales", así que en ese momento me preguntaba si tenía sentido hacer esa división, si los estudios *queer* no podían ser también "aspectos duraderos del discurrir humano", como lo eran, según Garrido Gallardo, la Poética y la Retórica. Me parecía entonces y me sigue pareciendo equivocado crear "divisiones facilistas y esquemáticas", pues "el Análisis del Discurso, los estudios de la Retórica y su tradición no deben ser contrapuestos a los llamados Estudios Culturales si no quieren éstos perderse en divagaciones psico-sociológicas insustanciales. Ambos se tienen que integrar" ("Las aguas..." 247–48).

En mi caso, como en el de muchos estudiosos del pensamiento y la cultura en general, no tiene sentido hacer una división entre los estudios literarios y lingüísticos. Un texto siempre exige delante de un investigador competente el tipo de análisis que merece y precisa. Los estudios retóricos y las figuras que de estos se derivan tienen una muy estrecha relación con las disciplinas lingüísticas. Del mismo modo que me sigue pareciendo innecesaria la división entre estudios retóricos o literarios y estudios culturales, considero también inoportuna (y mucho más en el estudio que propongo) hacer alguna separación entre lengua, poesía y contexto; porque los tres se relacionan y fusionan continuamente en estos autores. Las tensiones entre homomorfología y sexopolítica oficialista cubana evidencian que hacer oposiciones entre retórica y contexto limitaría y sesgaría el alcance del análisis. Por esas razones, tal y como propone Balderston en el nivel lexical, pretendo hacer un análisis morfológico (haciendo énfasis principalmente en el uso y los cambios de género, número y persona) de la poesía de Magali Alabau y Delfín Prats desde una perspectiva *queer*, de modo que se evidencie cómo las ideas lingüísticas y poéticas conviven muy estrechamente y que retórica, gramática y estudios culturales se complementan. De esta forma creo que será difícil negar que los estudios *queer* sean "aspectos duraderos del discurrir humano". Y lo son sin dudas en tanto el análisis homomorfológico que propongo podría ir desde Safo y Teognis hasta la poesía homoerótica más actual.

Este trabajo también responde a una carencia evidente al revisar los estudios morfológicos o lingüísticos sobre género gramatical y sexismo lingüístico. De estas diferencias se han hecho eco mucho más los estudios feministas (principalmente para establecer reivindicaciones y diferencias con lo masculino dentro de una estructura heteronormativa de forma general) que los de tema homoerótico.

2. (Homo)morfología y sexopolítica en la poesía de Irán Jorge

En 1967, un año antes de ganar el Premio David de Poesía, apareció publicado en *La gaceta de Cuba* un poema de Delfín Prats (La Cuaba, Holguín; 1945) firmado bajo el pseudónimo de Irán Jorge. El título del mismo es "Canción georgiana" y habla sobre un joven llamado Kolia[26]. El poema (que luego sería el primer texto de su polémico libro *Lenguaje de mudos*) apareció en la revista con una ilustración de una mujer con los senos descubiertos. La oposición entre Kolia (nombre masculino, aunque terminado en -a) y la imagen femenina, el contraste entre

[26] En la entrevista concedida a Yoandy Cabrera y publicada en *Diario de Cuba* el 20 de diciembre de 2013 con motivo de la publicación de la edición crítica de la *Obra poética* de Delfín Prats (Hypermedia, 2013), Delfín Prats expresa: "como parte de nuestra formación como profesionales de la lengua, destinados a impartirla en los cotos caribeños, se nos envió a diversos lugares donde estuviéramos solos entre rusoparlantes. Así fue cómo fui a parar a un campamento de pioneros en las cercanías de la ciudad de Tula y fue allí donde conocí al adolescente. Entablamos una hermosa amistad que duró hasta mi regreso a Cuba. Después no nos escribimos más".

el tono homoerótico de la descripción poética y los senos de la mujer inaugura una tensión entre la poesía de Delfín Prats y la sexopolítica institucional cubana, esa misma que dos años después censuraría al autor y destruiría su primer poemario por ser considerado "inmoral y contrarrevolucionario" (Arenas 7A)[27].

Cuando entrevisté a Delfín Prats en 2013, me interesaba saber su versión sobre ciertos aspectos morfológicos fundamentales de algunos de sus poemas:

> [Entrevistador:] ¿A qué se debe la oscilación genérica, el uso variable del masculino y el femenino de una edición a otra en tus libros y específicamente en poemas como "Pero en el viento su rumor llegaba" y "No vuelvas a los lugares donde fuiste feliz"? ¿Tiene alguna relación con la censura y/o con la homofobia social?
>
> [Entrevistado:] Los poemas estuvieron originalmente dirigidos a un sujeto de género masculino. Después, a la hora de publicarlos, cambié el género del referente, más tarde se han publicado indistintamente de ambas maneras y ha tenido un resultado positivo. Jóvenes de ambos sexos los hacen suyos y los disfrutan sin ese prejuicio que puede generarse en la motivación homoerótica inicial. Me alegraría si en esta edición definitiva estos poemas recuperaran el impulso inicial, griego en esencia, de canto a un efebo en las playas ardientes de Santa María. Hay algo que nunca he revelado y ahora te confío: el nombre de esta colección era *Con la misma intensidad de un antiguo,* y nadie mejor que tú para valorar una escritura que pretende emular a Teognis. Así son las cosas, colega. (Prats, "Lo que soy sigue vivo en mis poemas")

Prats elude hablar de la posible (auto)censura de sus poemas y sólo declara que cambió el género de una edición a otra.

---

[27] En el artículo citado, Reinaldo Arenas explica que "según confesiones del entonces director del Instituto Cubano del Libro, señor Rolando Rodríguez, el libro era inmoral y contrarrevolucionario".

Sin embargo, Reinaldo Arenas en un artículo publicado en 1988 y titulado "¿Rehabilitación o castración?" (que ya se ha citado) es el primero en hablar de estos cambios morfológicos y de las implicaciones sexopolíticas y de censura oficialista que los mismos podían tener. Al publicarse *Para festejar el ascenso de Ícaro* en 1987, el gobierno cubano rehabilitaba oficialmente a Delfín Prats después de casi dos décadas de marginación y silenciamiento editorial. Reinaldo Arenas compara los originales de muchos de los poemas que él conocía antes de ser publicado el libro con las versiones finales y se refiere a cambios de versos y estrofas, así como a la variación de poemas escritos en masculino que ahora aparecían en femenino. Esta variación, si la entendemos como resultado de la censura oficialista y homófoba, se relaciona sin dudas con el contraste que ya veíamos entre el poema de Delfín Prats dedicado a Kolia y la ilustración de una mujer con los senos descubiertos que buscó para ese texto la redacción de *La gaceta de Cuba* en 1967. Arenas considera que la supuesta rehabilitación de Prats es más bien una castración, y lo argumenta precisamente a partir de las castradas, extirpadas, distorsionadas marcas homomorfológicas en el poemario. Según Arenas, hay una censura en ese "enmascaramiento" del deseo homoerótico que fue el motor inicial de la mayoría de estos poemas.

El primer libro de Delfín Prats titulado *Lenguaje de mudos* hablaba precisamente de modos silenciosos de comunicación urbanos donde el flirteo y la complicidad erótica eran fundamentales. Ese Eros desenfadado y libre de su obra inicial (que fue censurada y destruida por las autoridades políticas de la isla antes de que circulara) es el que Arenas considera que ha sido traicionado, maquillado, disfrazado en la edición de *Para festejar el ascenso de Ícaro*: luego de hablar de las implicaciones que le habían traído en su vida personal a Prats "sus preferencias sexuales", el autor de *El color del verano* explica que "en esto de las preferencias sexuales de Prats, Letras Cubanas realiza una minuciosa castración" (Arenas 7A), y lo argumenta haciendo referencia a la censura de las marcas homomorfológicas en un poema específico:

> Tengo ante mí el original del poema que aparece publicado en Cuba con el título de "Entre la multitud de las armas". El original, escrito a mano por Prats, comienza así: "También yo he sido un vil / lo reconozco / he perseguido el placer en cuerpos como el tuyo / y ante ti / por primera vez me dije / nada lo diferencia de los otros". En la edición cubana el poema ha sido mutilado y comienza de esta forma: "También yo / he buscado el placer / en cuerpos como el tuyo / y ante ti / por primera vez me dije / nada la diferencia de las otras". Súbitamente el poeta y el poema han sufrido un cambio de sexo acorde con el machismo oficial imperante en Cuba. (Arenas 7A)

El cambio que más alarma y preocupa a Arenas es el morfológico, el género trocado de masculino a femenino, porque lo considera resultado de la opresión sexopolítica insular. En la ejemplificación y el análisis que hace Arenas queda claro de qué modo se relacionan, tal y como lo señala Rodríguez Adrados, los elementos gramaticales, el texto y el contexto. Dicho de otro modo y dentro del caso específico de Delfín Prats: la morfología refleja en el poema una serie de oposiciones de género que, a la vez que permiten lecturas homoeróticas o heteronormativas (según una versión u otra), encarnan y reflejan la discriminación social del sujeto homo, la censura oficialista cubana y otros elementos extralingüísticos que podríamos considerar sexopolíticos.

Arenas parece estar de acuerdo con la idea de Louis Althusser y Judith Butler, pues para él, el oficialismo cubano actúa sobre Prats en su "rehabilitación" de modo tal que su "llamado de atención":

> (E)s el poder y la fuerza que tiene la ley de imponer el temor al mismo tiempo que ofrece, a ese precio, el reconocimiento. Mediante la reprimenda, el sujeto no sólo recibe reconocimiento, sino que además alcanza cierto orden de existencia social, al ser transferido de una región exterior de seres indiferentes, cuestionables o imposibles al terreno discursivo o social del sujeto. (Butler 180)

Uno de los cambios que evidenciaría (a partir del testimonio de Reinaldo Arenas) el paso de Delfín Prats de "una región exterior de seres indiferentes, cuestionables o imposibles" a una mayor aceptación política y a "cierto orden de existencia social" es el cambio que puede constatarse morfológicamente en su poesía del masculino (sujeto homoerótico y cuestionado socialmente) al femenino (sujeto heteroerótico y acorde a las convenciones sociales).

Los poemas de Delfín Prats pertenecientes a *Para festejar el ascenso de Ícaro* que tienen, en sus diversas versiones, diferencias en el uso de los morfemas de género, número y persona, y cuyas variaciones permiten o velan una lectura homoerótica, son los siguientes: "Pero en el viento su rumor llegaba", "Toda la luz de abril entre sus ojos", "No vuelvas a los lugares donde fuiste feliz", "Tus juegos y tus manos animales" y "Muerte qué endeble es tu poder". Estos poemas constituyen (en las versiones homomorfológicas consideradas como definitivas para el autor) una continuidad del homoerotismo en la poesía de Delfín Prats inaugurado por textos como

"Canción georgiana" y "Litografía" / "Animal extraño"[28] pertenecientes a su primer poemario *Lenguaje de mudos*. El poema "Animal extraño" está escrito completamente en masculino ('él', 'niño', 'amigo') y es un canto homoerótico que trasciende y engloba lo universal, del mismo modo en que el cuerpo amado en la poesía posterior de Prats encarna "el esplendor y el caos". Homoerotismo y universo se conjugan en estos poemas de Delfín Prats. Como también sucede en algunos textos de Magali Alabau, a veces el uso del plural ('nosotros' en el poema "Lenguaje de mudos") y de la segunda persona del singular (como sucede en muchos poemas de *Para festejar...*) dotan al poema de una ambigüedad y neutralidad genérica sostenida durante todo el discurso. Otras veces no es suficiente el uso de la primera persona y hay morfemas gramaticales en adjetivos y otras palabras que evidencian el género sexual del interlocutor poético, como es el caso de los poemas "No vuelvas a los lugares donde fuiste feliz" y "Tus juegos y tus manos animales".

El poema "Toda la luz de abril entre sus/tus ojos", tiene diferencias morfológicas ilustrativas y sustanciales de persona, género y número entre la versión de *Para festejar el ascenso de Ícaro* (1987) y la de *El esplendor y el caos* (2002), cambios que son cruciales para hacer una lectura homoerótica del mismo. La versión de 1987 está escrita en tercera persona, en femenino ('su' 'la', 'sus') y en plural ('amigos míos'); en la de 2002 (que coincide con la versión definitiva del autor) se usa la segunda persona ('tu', 'te', 'tus') y el singular masculino ('amigo mío'). En la de 1987 el sujeto amado femenino no se corresponde con el vocativo de cierre 'amigos míos' que está en plural y

[28] El mismo poema aparece con uno de estos dos títulos en distintas ediciones.

en masculino, por lo que parece que en ese caso el sujeto lírico se dirige, no a la amada, sino a un público plural. Sin embargo, en la última versión, el vocativo y el sujeto amado coinciden ambos en segunda persona del singular y la referencia es explícitamente masculina.

Las tres variaciones morfológicas fundamentales en la poesía erótica de Delfín Prats son, por tanto, la homoerótica en las versiones en masculino de sus poemas, la heteroerótica en las versiones en femenino y las ambiguas o indefinidas en las que el uso de la segunda persona del singular no evidencia de forma expresa la naturaleza sexual del interlocutor poético. A ello se le suma el uso contrastivo de distintas personas y números gramaticales.

Delfín Prats, con el paso de los años, ha dado como definitivas las versiones iniciales escritas en masculino. Pero el autor ha expresado que, al ser publicados los poemas en versiones homomorfológicas y heteromorfológicas en distintas publicaciones, los lectores se han sentido identificados con una u otra según su orientación sexual. Haberlas restituido a las versiones originales escritas en masculino ha hecho que la sexopolítica cubana de los sesenta y setenta no pudiera impedir con su censura que conociéramos ese "animal extraño" que sigue "hecho para andar por mí aún donde yo mismo me ignoro" (Prats, *Lenguaje...* 7).

3. Electr-a ama a Clitemnestr-a. Homomorfología y doble en Magali Alabau

Magali Alabau (Cienfuegos, 1945) mezcla en su poesía el amor filial, la maternidad y el homoerotismo. En su primer poemario *Electra, Clitemnestra* publicado en 1986 algunos de esos elementos se pueden ir deduciendo a partir del propio título: al tratarse de la madre (Clitemnestra) y la hija (Electra), se puede establecer una relación con la maternidad y el amor filial. Por su parte, el homoerotismo está anunciado también en la portada por medio de esas terminaciones morfológicas en –a de nombres femeninos (Electr-a y Clitemnestr-a), aunque el lector no lo pueda deducir previamente a partir del conocimiento que tenga del mito griego. Por supuesto que, a favor de la autora y del lector, juega saber que ambos son personajes mitológicos femeninos, pero ello sólo viene a evidenciar nuevamente la relación entre significante y significado que ya señalamos a partir de Adrados. En la versión del complejo de Electra que propone Alabau, el objeto de deseo no es Agamenón sino Clitemnestra.

En este poemario iniciático, el amor y el odio son, desde el título mismo, asuntos de mujeres pues, como dice la propia autora, en Micenas "los hombres no existen" (Alabau, *Electra, Clitemnestra* 23). Mujeres que en su capacidad de metamorfosis discursiva comienzan, desde el primer poema, hablando no sólo en primera persona, sino mezclando los géneros, siendo o imaginando ser tanto seres masculinos como femeninos. Por esta razón, la poesía de Magali Alabau, en esa mezcla de géneros, en la búsqueda a veces de marcar lo femenino como universal o de hacerlo indiferenciable, hace inútiles y retrógradas las oposiciones heteronormativas, las supera. Si en el caso de Delfín Prats hemos visto que son las oposiciones heteronormativas las que definen las lecturas y reflejan las implicaciones socio y sexopolíticas, Alabau en algunos de sus mejores momentos líricos las difumina y anacroniza. A diferencia de Prats y de las consecuencias morfológicas por la censura que este padeció, Alabau utiliza la variación y mezcla homomorfológicas para romper esquematismos y moralismos ancestrales sobre el género:

> Electra es hombre.
> Sus senos tienen lenguas en el centro:
> un cuchillo, un hacha, un gran mástil.
> Clitemnestra es agua, mar, lago, pozo.
> Electra se levanta, dispuesta, llega a la puerta,
> oye los quejidos.
> Clitemnestra en su ritual no espera.
> En su saliva bañando está a su amante.
> De su boca ranas crudas amamantan vergüenza.
> Electra oye a su madre
> y empieza a pintar círculos y cráteres.
> En la puerta
> las uñas se comen a los dientes.
> Electra actúa, Electra muerde.
> Se convierte en el padre,
> tiembla, cae delante de la puerta. (15–16)[29]

Como era evidente también en el análisis de Arenas sobre los cambios en los poemas de Prats, en este fragmento se entremezclan distintos niveles de la lengua, en especial la oposición genérica lexical hombre-mujer que Electra trasgrede en tanto es hombre con senos, padre e hija a la vez, y que generalmente se da en el nivel morfológico, pero que puede darse en el lexical: padre-madre y hombre-mujer son algunas de las oposiciones de género lexicográfico en las que está basado el ideal heteronormativo imperante en el mundo hasta hoy y que cuestiona y trasgrede Magali Alabau en el poema citado.

Los hombres se marchan a la guerra contra Ilión. Orestes es pequeño. Egisto en esta historia será un figurante.

---

[29] Las citas de páginas y poemas sin más referencias pertenecen a *Electra, Clitemnestra* 1986.

El diálogo, el *agón* es entre madre e hija: "Un chorro es mi vena en tu vena, Clitemnestra" (12). Ese deseo homoerótico (que será principalmente de hija a madre) comienza por un odio compartido: "dos líneas rojas tirando cada una la ira" (14). Egisto es quien se acuesta con Clitemnestra, ésta le pide que la posea, que sacuda "la capitulación del hombre y la mujer" (13). Sin embargo, incluso la violencia y el odio mutuos son, desde el comienzo, filiales: "Así se unen la madre con la hija / y se agachan, lapidándose / para limpiar las piedras de Micenas" (14).

En el poema "V Clitemnestra" la madre nombra y describe por primera vez a Electra como un monstruo (17). La hija dice "Volveré cada noche a esta puerta" (16) y ese acto acechante, libidinoso, voyerista hacia su madre es un segundo ejemplo (después de ser hombre con senos, hija y padre a la vez) de la transformación morfológica (tanto gramatical como física) de Electra. La mezcla continua de géneros en los distintos niveles de la lengua, los nombres masculinos y femeninos de la princesa de Micenas y los atributos fálicos que la describen convergen (al decir de Rodríguez Adrados) con una idea fundamental dentro del cuaderno: la monstruosidad ciclópea, mítica, despiadada, dionisíaca de la metamorfosis de Electra.

Aunque Clitemnestra insiste en que su hija la vea como madre y se someta al vientre materno como hija (17), Electra la odia y desea con la misma intensidad, quiere ser su asesina y su amante. En el poema VII aparece otra figura principal para entender el sentido general del poemario: Medusa, que posee sin recato y de manera ciclópea a Clitemnestra. La esposa de Agamenón pasa de Egisto (personaje mudo, desdibujado desde su silencio, sumiso total a las órdenes de Clitemnestra) a tener sexo con Medusa cuya descripción es monstruosa. Si Egisto era la negación de todo movimiento independiente, Medusa será la encarnación de una hiperquinesia homoerótica y multiorgásmica: "Medusa la restriega y la desnuda, / la latiga, la sacude y la alza. Se le monta en el cuello, / le embarra la cara" (20). Es este el primer poema en el que es expreso el deseo lésbico de Electra por su madre; ya no en su cabeza, sino al ver la relación entre Medusa y Clitemnestra.

De las exigencias sexuales a Egisto, de esa búsqueda desenfrenada en el sexo masculino, la reina de Micenas es poseída por una figura mitológica, y esas marcas morfológicas que antes señalábamos y que ahora son de hembra a hembra, cabalgan en el discurso junto a la multitud monstruosa que constituye a Medusa y a la plena satisfacción sexual del sujeto femenino. El cambio morfológico que refleja la nueva relación homoerótica entre Medusa y Clitemnestra coincide con uno de los momentos climáticos y fundamentales del poemario: "el placer las desploma / la leche de las dos se junta en una sola / y baja hacia el mar" (20). Esta bestia orgásmica venida de las colinas que crece y se infla por todas partes está hecha de morfología (esta vez también tanto física como gramatical) y deseo.

Al final del poema VII, después de su orgasmo descomunal, Clitemnestra ve a Electra. La hija había estado observando desde la puerta cada vez que ésta tenía relaciones sexuales con Egisto y lo mismo hizo cuando apareció Medusa. La figura mítica puede ser reflejo o encarnación del propio deseo de Electra. En el poema, en efecto, hay una cierta ambigüedad (que ha reconocido la propia autora) y el lector podría interpretar que de alguna forma (más que estar observando) la hija se había convertido en Medusa.

El poema que sigue al multiorgasmo de Clitemnestra contrasta con éste y con el poemario en general por su suavidad y dulzura. Lleva por título "VIII Orestes" y es muestra del amor maternal puro y tierno que profesa Clitemnestra a su hijo, distinto del diálogo tenso de amor-odio que sostiene con Electra y en clara oposición a las violentas estampidas sexuales con Medusa. Al mismo tiempo, refleja la mezcla de maternidad y erotismo que vemos a lo largo del libro, pues mientras Clitemnestra le dice a Electra que se vaya y evita el contacto homoerótico con su hija, a Orestes le "besa sus labios". Paralelo y apartado de las acciones violentas en Micenas, el pequeño Orestes encarna una bondad que entremezcla los géneros, es niño y niña a la vez, androginia morfológica que divide al poema en dos: una primera parte en la que las marcas de género son masculinas (v.1–6) y una segunda en que se vuelven femeninas (v. 7–12). En esa indefinición inocente, en la suma de las formas genéricas está "el aire más fresco" del cuaderno. Si Electra es padre e hija, hombre y mujer a la vez, Orestes es niño y niña sin intenciones oscuras, ajeno(a) a toda maldad posible y bajo la protección de su madre. La ambigüedad genérica en la primera encarna y refuerza la relación amor-odio con su madre, el elemento sexual y las connotaciones homoeróticas, mientras que en el pequeño anulan precisamente esas mismas características, las neutraliza en su lánguida y pueril apariencia.

En el poema "XI El dolor", el dolor se conjuga con lo femenino. Electra padece y "no basta que se aguante el útero". La hija pide ayuda a la madre en medio del sufrimiento, le dice "entierra tus ojos en mis piernas", pero "en su cuarto la madre oye, muda está, / no se acerca". El homoerotismo truncado de Electra refuerza la idea de su insatisfacción, su infelicidad y su irrealización. Clitemnestra representa la fertilidad y la pansexualidad descritas, tangibles y realizadas: es esposa, madre, amante y bisexual. Electra, por el contrario, es "un animal salvaje con el abdomen hueco", infértil y con plena consciencia de estar sola, virgen, sin esposo, ni amante. Sin futuro, sólo con su nacimiento y su memoria, y hacia allí se dirige. En el vientre maternal tienen que estar todas las respuestas, porque de ahí procede. La oposición madre-hija vuelve a encarnar en este poema un homoerotismo incestuoso que se refuerza con las marcas morfológicas en femenino al final del poema: "la madre oye, muda está" (25).

Las connotaciones homomorfológicas en *Electra, Clitemnestra* toman, por tanto, tres vías fundamentales: el amor insatisfecho e irrealizado entre madre e hija al que se niega Clitemnestra y que está matizado por un odio visceral entre ambas, el amor de la madre por su niño(a) Orestes al que besa en los labios y protege con profundo sentimiento maternal, y por último el homoerotismo realizado y pantagruélico entre Clitemnestra y Medusa.

A partir de "XII La locura", Electra comienza a planificar su venganza por los continuos rechazos de Clitemnestra. Si en el libro el Eros con Medusa encarna en un orgasmo violento y descomunal (VII) y el Eros maternal y puro está en el beso en los labios que Clitemnestra da al niño(a) Orestes (VIII), el Eros entre madre e hija deviene odio y destrucción: *sparagmós* y *omofagia* (XIX)[30]. En los tres momentos señalados de encarnación del Eros la morfología física se conjuga con la gramatical. Esa morfología física depende mucho también del nivel lexical y se basa en las distintas partes del cuerpo (que en todo el poemario tienen un gran protagonismo) y en algunas específicamente femeninas como el vientre, los senos y el útero[31]. Por tanto, el análisis homomorfológico que propongo se relaciona muy estrechamente con el nivel lexical y ello lleva a considerar que una gramática *queer* debe ser morfosemántica y no morfosintáctica[32], debe atender más al modo en que se relacionan formas y significados que detenerse sólo en lo estructural, principalmente porque tanto el significado como el contexto son fundamentales en un estudio homerótico y, por extensión, en uno homomorfológico.

---

[30] Como se ha explicado antes, *sparagmós* y *omofagia* son dos de las fases del ritual dionisíaco. Este cuenta con tres momentos principales: *oreibasia* ("subida al monte"), *sparagmós* ("laceración de la víctima") y *omofagia* ("devorar carne cruda"). Electra, en el poemario de Alabau, termina realizando la desmembración de su madre *(sparagmós)* y comiéndose la carne y el útero maternos *(omofagia),* por lo que repite el ritual que dio inicio al género teatral. A ello debe sumársele las implicaciones teatrales (muchas veces monológicas) que tiene el poemario de Alabau. Como mismo en el inicio del teatro se presupone un personaje que declaraba "yo soy Dionisos", el libro de Alabau comienza en primera persona encarnando distintos personajes, mezclando guerra, maternidad, erotismo y muerte. En *Las bacantes* de Eurípides, Penteo es despedazado por su madre Ágave cuando ésta se encuentra en estado de *enthousiasmós.* La versión que hace Alabau de las Atridas parece perseguir dos principales inversiones con respecto a Eurípides: la (homo) sexual, porque se trata del erotismo entre madre e hija en Alabau, y además la muerte será de la hija a la madre.

[31] Para un análisis más amplio de las connotaciones míticas y semánticas de la segmentación corporal y la focalización en las distintas partes del cuerpo en este poemario de Magali Alabau, puede consultarse el artículo "*Electra, Clitemnestra*: el mito y el doble en la poesía de Magali Alabau" publicado originalmente en *La Habana Elegante.* Nro. 53, 2015 y recogido también en este volumen.

[32] El concepto de gramática tradicional, dentro de las disciplinas lingüísticas, ha abarcado generalmente el estudio de la morfología y la sintaxis. Por las implicaciones socioculturales, políticas e históricas que conlleva abordar el universo *queer,* la relación de significante y significado se potencia, de ahí que el eje de estudio se desplace a la relación entre morfología y lexicología, y que consideremos un estudio gramatical *queer* más cercano a la morfosemántica, a la relación entre morfemas, lexemas y semas.

Aunque "la cabeza es arrepentimiento del deseo entre madre e hija" (28) y Clitemnestra con "un gesto haría del monstruo una niña / una sonrisa acabaría el trágico final", el odio se impone, "son dos mujeres encerradas en una historia de / espasmos / odios del útero / entre fauces y cuernos, / hambre de tocarse" (29). Electra se ha vuelto monstruo y guerrero. En esa rivalidad: "La destrucción de una / traería la redención de la otra / La magnitud de una reside en el aborto de la hija / la madre traga a la hija / La hija en turno aniquila a la madre / y cohabitan / como animales comiéndose" (29).

La única convivencia posible entre ellas es la mutua fagocitación. La forma de poseerse una a la otra es comiéndose. En este fragmento citado las connotaciones homomorfológicas se confunden con la relación madre-hija mediada por el amor-odio que han mantenido entre ellas. Pero en esa fagocitación mutua una se impone, la hija-padre, la vengadora, el aborto estéril, el hombre con senos, el monstruo guerrero.

Es esta mezcla de géneros indistintos —tanto en el caso de la caracterización morfológica de Electra como de Orestes— la que difumina los límites entre lo masculino y lo femenino, la que equilibra las diferencias entre el hombre y la mujer que tan pronunciadas eran en la edad micénica. Es importante recordar que el atalaya en Agamenón de Esquilo describe a Clitemnestra como "mujer de corazón varonil", esa mezcla de lo femenino y masculino de la reina de Micenas la tiene muy presente Alabau para cuestionar y dinamitar el patriarcalismo antiguo y para identificar no esta vez a la esposa de Agamenón, sino a su hija. Desde el primer poema del libro el hombre micénico o está ausente o está silenciado, pero al mismo tiempo Electra es la encarnación con útero del guerrero homérico.

Las formas que proponen y utilizan algunas comunidades para neutralizar el morfema de género (x o @ para escribir niñxs o niñ@s) con el objetivo de evitar la preponderancia del masculino como género no marcado, en el discurso poético de Alabau se logra por el uso mezclado de los morfemas tradicionales (a-o, a-e, etcétera), como hemos visto en Electra y Orestes. Pero Alabau consigue, además, otros propósitos que se podrían perder si se utilizara x o @ como neutralizaciones de género en esta escritura. Uno de esos propósitos que mantiene la oposición genérica tradicional es el contraste, fundamental en el poemario. Alabau además logra mantener y a la vez trasgredir las divisiones y postulados patriarcales de una sociedad antigua que en muchos casos llegan hasta hoy.

Uno de los cambios fundamentales en la versión que Alabau realiza sobre el mito de los Atridas es que no es Orestes, la figura masculina, el hermano, quien mata a Clitemnestra, sino que es Electra, la hermana, quien lo lleva a cabo, y se nos dice claramente que "no habrá Orestes en esta historia" (33). El aspecto filial, que se deriva de los lexemas o morfemas lexicales ('herman-', 'hij-') son matizados y contrarios a partir de la oposición de los constitutivos de género.

La oposición hermano-hermana está seguida por la rivalidad fundamental y definitoria del libro entre madre e hija que es homomorfológica y se mantiene en el campo semántico de la familia. "La hija, reina de la acción, con los ojos de la madre jugó" y, mientras la va deglutiendo a trozos, a dentelladas, "ya no eran personas sino dos perras salvajes. / Una deshaciendo, otra moribunda". Para entonces "Electra se volvió un guerrero" (35).

El propio cuerpo de la joven, sus manos, sus dientes, su lengua son el arma del matricidio. Es Electra vuelta daga, jabalina, puñal. Electra-guerrero. Su organismo, poco a poco, se va transformando. Todo su cuerpo se sobredimensiona, como veíamos en Medusa. Ella es, en medio de la sangre de su madre, masticando el útero y atropellando su rostro, Clitemnestra y Gorgona al mismo tiempo. Alcanza la dimensión titánica de ambas. Como una bacante, mastica el orden de sus días; delira, poseída, como "perra salvaje", como versión inversa de Medea. Ha hecho de su venganza el orgasmo por negación, su envés, su más tortuoso reflejo. Y como Medea misma, se transfigura en la diosa de la Venganza.

4. A modo de conclusión

La morfología, como cualquier nivel del sistema lingüístico, es también parte y reflejo de nuestras ideas y opiniones. Las limitaciones y los avances humanos están hasta en los más aparentemente simples niveles de la lengua. La gramática no es una ciencia de laboratorio, sino de interacción múltiple entre significante y significado, entre lengua y sociedad y entre el texto y sus múltiples contextos extralingüísticos.

La poesía de Delfín Prats y Magali Alabau potencian elementos morfológicos y lexicales que reflejan en sus respectivas obras poéticas el (homo)erotismo como elemento consustancial a la naturaleza humana, el deseo sexual en diferentes variantes, así como las implicaciones sexopolíticas y socioculturales que inciden (positiva o negativamente) en la poética de un autor por vivir en un lugar y una época determinados.

Al analizar ambos cuerpos literarios he querido hacer evidente la relación que existe entre la gramática y los estudios *queer*, entre retórica o lingüística y los estudios culturales y entre los distintos niveles de la lengua y la sexopolítica. Poemas como los de Alabau y Prats exigen que no nos quedemos en lo meramente temático a la hora de abordar el homoerotismo en el discurso, sino que persigamos el mejor modo de bosquejar y perfilar una posible gramaticalidad *queer*.

MAGALI ALABAU:
"ME INTERESAN LAS PERSONAS, NO LA LITERATURA"[33]

Magali Alabau (Cienfuegos, 1945) nunca escribió poesía durante su vida en Cuba. Sus libros no han sido publicados en su país natal. Se dedicó al teatro durante su juventud y abandonó la isla en 1966. Su primer poemario, titulado Electra, Clitemnestra *(1986), fue publicado a sus 41 años. A pesar de todo ello, me es difícil imaginar un mapa de la poesía cubana de las últimas décadas que no la tenga en cuenta. Fue en la Biblioteca Nacional de España donde leí por primera vez* Hemos llegado a Ilión. *Ese libro, junto a toda su obra poética, es un punto de inflexión, de no retorno, de cambio irreversible en los cardinales líricos de la isla.*

Esta entrevista que he tenido el placer de realizar nos devuelve a una Alabau que va desde su niñez en Cienfuegos, sus 16 años recitando al aire libre en un parque habanero "Cultivo una rosa blanca" de José Martí y alfabetizando luego en 1961, hasta ella misma en calidad de Perséfone Pérez volviendo en los 90 a una Ilión natal vuelta ruinas. Alabau nos habla de continuidades entre lenguaje y silencio, entre violencia y deseo, entre irse y volver, entre teatro y poesía, entre lo humano y lo animal, entre vida y representación.

Dialogar con ella constituye un ejercicio de sinceridad que se agradece.

---

[33] Esta entrevista fue originalmente publicada en la revista *Deinós* del Departamento de Lenguas, Filosofía, Religión y Culturas de Rockford University el 25 de agosto de 2020.

Yoandy Cabrera: ¿Escribiste alguna vez poesía en Cuba? ¿Alguno de los libros que has publicado tiene algún poema escrito en la isla o algún tema o estructura que hayas pensado desde Cuba?

Magali Alabau: No.

***YC:** Cuando hacías teatro en Cuba y luego en los EE. UU., ¿eras consciente de tu vocación poética? ¿Qué propició el salto del teatro a la poesía, del uso de cuerpo y voz a la escritura?*

MA: No era consciente.

Tendría yo 16 años cuando un amigo me invitó al Centro Gallego de La Habana a conocer el grupo donde él actuaba. El director, español, un señor mayor, a los pocos minutos de conocerme me dijo que yo era perfecta para el papel de Estrellita, un diálogo tipo sainete que había escrito. Dos personajes. Él y yo.

Se estrenaría el 28 de enero en un parque habanero y el evento era subvencionado por el gobierno municipal de La Habana. El tema se basaba en el poema "Cultivo una rosa blanca" de Martí.

Ensayé con él unos cuantos días. No me imaginaba que habría tanto público ni qué era actuar al aire libre. En una plataforma sin más debuté y, claro, la obra cerraba con mi declamación de "Cultivo una rosa blanca".

Ahora, recordando esos días, pienso, que así me inicié en el teatro. Ese estar con el público, sentirlo, cambió mi vida. Creo que fue en 1961. Después apareció la Alfabetización en Cuba y me apunté, como se decía, para alfabetizar. Pedí ir al lugar más lejos y montañoso, y fui a parar a las montañas de Niquero en Oriente.

En 1962, me presenté a las audiciones de la Escuela de Artes Dramáticas en la ENA. No eran realmente audiciones, sino entrevistas. Me aceptaron. No tenía vocación poética en Cuba ni acá mientras hacía teatro.

¿Del teatro a la poesía? No, salté del teatro al vacío. Cuando abandoné el teatro sentí un vacío enorme en mi vida. Lo abandoné por cansancio, porque trabajar de día y hacer teatro de noche es duro y llevaba mucho tiempo así. Para hacer el teatro que me interesaba tenía que pedir préstamos al banco y nunca terminaban las deudas. Otros conflictos dentro del teatro mismo aceleraron mi partida.

Creo que desde la adolescencia confusamente me planteaba qué hacer para sustraerme de tantas cosas que me causaban miedo y ansiedad. Siempre se atravesaba esta pregunta y es difícil creer que experimentaba ya un sentimiento de exilio, intenso y constante. Si tuviera que pasar mi vida en una cárcel, en un cuarto solitario, ¿qué haría? Me apaciguaba pensando que con un papel y un lápiz podría resistir, escribiendo. Era la seguridad de que de alguna forma podría pasar el tiempo. El teatro borró por muchos años estos pensamientos, como dicen, tan oscuros.

Una interpreta a otro. Si eres buen actor o actriz cancelas tu personalidad o en todo caso la fragmentas para agregarla a la creación del personaje. Es como ser una médium. Encontrar la esencia de otra persona a la cual llamamos personaje es como trabajar en un complejo rompecabezas. Está el personaje que es la visión de un dramaturgo, quizás de la persona de la cual obtuvo la inspiración. Está el actor o actriz asimilando la/el persona/personaje e incluyendo sus memorias sensoriales, sus experiencias y su ingenio. La Otra o el Otro entonces comienza a existir.

Esa cancelación del yo del actor para mí fue un descubrimiento de tal magnitud que actuar resultó una necesidad.

YC: *¿Cómo surge la idea de la escritura de* Electra, Clitemnestra, *tu primer poemario, que has definido como "una interpretación de un mito griego"? ¿Por qué medios (lecturas, referentes) surge la conexión tan personal tuya con el mito griego que es fundamental en ese poemario?*

MA: Antes de cualquier asomo a la escritura tomé cursos de mitología, así como de los diálogos platónicos e historia del arte helenístico. También asistí a otro curso de literatura y del teatro clásico griego. Iba a Hunter College a tomar esos cursos cuando el teatro cerraba o se ensayaban obras en las cuales yo no estaba. En aquella época me fascinaban los mitos. También interpreté a Antígona. Visité Grecia y fui a Micenas. Emoción ante el portón de los leones. Iba caminando por las ruinas y sentía a esos personajes. Vibraciones intensas sentí imaginando que pisaba tierra y rocas que fueron testigos de esas tragedias.

Cuando dejé de actuar a principios de los ochenta, en un período de mi vida solitario, en la sala del apartamento en Brooklyn me senté en el piso y escribí el poema completo. Después lo revisaría innumerables veces, pero no hubo cambios esenciales.

Claro, hice lo mismo que hacía en el teatro cuando actuaba, amalgamar a los personajes del mito con mis experiencias y mi persona. Hay mujeres en mi vida que se parecen a Clitemnestra y hombres que pudieran ser un Agamenón. No por gusto el poemario comienza con "Yo, Electra". Me di cuenta de que en la escritura existe, como en el teatro, la posesión, elemento de la catarsis que buscaban los iniciados en los misterios dionisíacos y en la purificación en los misterios órficos. Todas estas experiencias me ayudaron a escribir *Electra, Clitemnestra.*

YC: *En* Electra, Clitemnestra *cuentas la tragedia griega por medio de las que se quedaron. Egisto no tiene voz y Orestes es un niño tierno y andrógino. Se trata de una mirada no hacia la empresa de Troya, sino al conflicto entre madre e hija. ¿Cómo entiendes, en lo personal, la relación entre tu tratamiento del género, tu condición de mujer y el feminismo? ¿Te consideras feminista?*

MA: Sí, soy feminista. Fundé un teatro de mujeres, con mujeres y el público era de mujeres, Medusa's Revenge Theater en 10 Bleecker Street, NY. Escribo sobre vidas de mujeres que han sido víctimas de una estructura en la cual no participan, sino como cómplices o esclavas.

Investigo esos crímenes que explotan la morbosidad, pero donde no se analiza la constante brutalidad y abuso contra la mujer.

Hojeo revistas literarias donde a veces solo hombres aparecen y de paso una mujer como *token.* Y estudio la historia de la mujer que es muy diferente a la del hombre. (Creo que el hombre es tan víctima de las fuerzas del poder como lo somos las mujeres). Las guerras, la matanza a la que están destinados. En esta plataforma material la dualidad es existente y no aparece ese ser que está compuesto de hombre y mujer. Lo femenino en el hombre y lo masculino en la mujer no se explora si no es creando estereotipos. Es un mundo de opuestos, de representación. Los hombres llevan su cruz mejor que nosotras, pero también la arrastran.

Se trata de explorar la historia de la mujer, desenterrarla y son las feministas las que nos invitan a leer esos textos. Si no fuera por el movimiento feminista ¿cómo hubiésemos obtenido el voto, la educación y otros derechos que se dan a los hombres sin tanta lucha? Ahora, en estos momentos, no haría un teatro solo para mujeres. Claro que estoy consciente de lo que escribo. ¿Eres tú consciente de lo que escribes? ¿Por qué a las mujeres en muchas ocasiones se les nombra escritoras que no son conscientes, sino seres intuitivos, inspirados por una musa casual? Esa pregunta o comentario lo he visto escrito sobre mi poesía y qué molestia me causa. "Ella no sabe lo que ha escrito"... Me causa malestar porque pareciera que es solo la inspiración lo que ilumina un buen poema. No hay tal cosa, es técnica, es estilo, es revisar y editar constantemente el texto, aunque se haya publicado.

Pero es así la fábrica del dilema. Las condiciones cambian, han cambiado, cambiarán. También tomo en cuenta que estamos programados desde que nacemos: rosado y azul. Hay que despertar de la somnolencia que nos hace obedientes a esa programación. El movimiento feminista logró crear conciencia de nuestro lugar en el mundo.

YC: *No imagino mi mapa personal de la poesía cubana sin tu poema-libro* Hemos llegado a Ilión, *un poemario que, además, se encaja en el cierre del siglo XX con su primera edición de 1992 y se suma al inicio del XXI con su reedición de 2013. Un poemario liminal y movido entre diversas fronteras no solo por el tratamiento del doble, por tu experiencia vital de emigrada, por la ensoñación y la superposición de espacios en la memoria y el discurso, sino también por su propia ubicación finisecular. En este caso, el reverso mítico viene marcado tanto por la voz femenina y el doble (semejante a* Electra, Clitemnestra*), como por la vuelta a Cuba-Ilión. No es un héroe tradicional masculino regresando de Troya a Grecia, sino un sujeto femenino* *emigrante que, después de años viviendo en Estados Unidos, vuelve de visita a la isla. El héroe homérico en esta recontextualización del* nostos *es, por tanto, una emigrada cubana que vuelve de la Grecia norteamericana (es decir, del mundo desarrollado) a la intimidad y la realidad prosaica de la isla-cárcel llamada Ilión. Vuelve en calidad de turista. Vuelve para irse nuevamente. Vuelve para la autoafirmación y el extrañamiento a partes iguales. ¿Por qué tomar a la Ilión homérica como símbolo de todo ello? ¿Esa Ilión de Perséfone Pérez determina tu concepto de patria como espacio difuso, de la memoria y la negación?*

MA: Nada calculé mientras escribía *Electra, Clitemnestra* o *Hemos llegado a Ilión*. Imagino que fue del subconsciente al papel. Estos dos libros los escribí de un tirón y los arreglos fueron pocos. No conozco tan bien a Homero ni a los mitos griegos. Solo de clases y en teatro y cine. Vi la producción teatral de *Las troyanas* dirigida por el rumano André Serbain puesta en escena en La MaMa Experimental Theater en NY. Me impactó la película de Cacoyannis, *Ifigenia*. A veces el teatro y el cine me llevan a leer e investigar sobre mitos y también historia. Tengo facilidad para descubrir sincronicidad entre lecturas. En un libro encuentro algo que me lleva a otro y entro en un laberinto de sorpresas. Si en lugar de *Hemos llegado a Ilión* el título hubiese sido *Hemos llegado a Cuba*, desde el mismo título se vendería la trama. Ilión es más universal, aunque el poema específicamente trata de Cuba. Es una metáfora también comparar a Cuba con Troya. Le da otra dimensión contar el viaje a través de la mitología. La comparación entre Cuba e Ilión engrandece la trama, establece similitudes complejas y dramáticas. Al escoger esa metáfora expresé lo que sentí al descubrir La Habana que ya no era. Vi ruinas.

Perséfone pasa 6 meses en el Hades y 6 meses en otro espacio que le es familiar y con su madre. Pasé unas semanas en un lugar donde pensé encontraría lo familiar, pero donde también encontré ojos vigilantes. Un lugar donde tenía que actuar muy cuidadosamente y autocensurarme. ¿Y de verdad había tal vigilancia? En mi caso no sé, pero antes de irme de Cuba vivía con miedo y el miedo no se me quita cuando pienso en ese lugar. Ni lógica ni razonamiento. El miedo a estar en Cuba ya es endémico en mí.

La Patria. Nunca la palabra me ha gustado. Patria de Padre. Tiene connotaciones autoritarias. Repetida y multiplicada por la revolución con minúscula y por todo aquel que asocia un lugar específico, una punzada territorial. No tengo patria. En todo caso es un estado anímico, cuando encuentro paz interior. Perséfone Pérez es la fusión del personaje, el mito y yo. No escogí Perséfone Alabau, sino Pérez que es el apellido de mi madre. No pude apreciar en las ruinas ni una florecita naciendo entre las rocas. No hay nada en ese lugar que me conforte. Solo los turistas con ojos vendados y guías, o los izquierdistas extranjeros con espejuelos bifocales pueden pasar por alto tanta miseria y desolación. Para ellos Cuba es una gente bulliciosa y tropical. Los cubanos se comportan con bondad con el turista, pero el gobierno con esas leyes apátridas los hace sentir tan por debajo. Cuando llevé a mi hermana al restaurante del hotel donde me hospedaba no quisieron servirle a ella y a su esposo. Tuve que enseñar mi pasaporte y ellos sus carnés de identidad y hablar yo con el mánager del hotel. Una Troya vencida. Y lo digo ahora como lo dije cuando escribí el libro; lo absoluto no admite variaciones. No admite eso de la educación cubana y eso de la salud pública a manera de justificar la injusticia. Es una realidad tóxica. La falta de libertad es tóxica, la intolerancia es tóxica. Así que los detalles no cuentan, porque la ausencia de un derecho como la libertad individual y colectiva produce veneno y esa toxicidad que lo abarca todo.

YC: *La relación entre lo teatral y lo lírico es evidente en tu obra en el uso del doble, en cierta voz confesional que llega a ser a veces performática, y en poemarios como* Electra, Clitemnestra *y* Amor fatal *pero, ¿te explicas personalmente alguna continuidad entre el teatro que hiciste y la poesía que has escrito a lo largo de los últimos años?*

MA: Mi primera vocación fue el teatro, representar, la correspondencia con el Otro, el personaje, y ese Otro que es el público.

Cuando comencé a escribir no analicé la relación con la escritura y el teatro, pero ahora descubro esa continuidad. En tiempos inmemorables la poesía era recitada y cantada. Si fui actriz y ahora escribo poesía es natural que las dos artes se entrelacen. No es algo que se piensa. Se expresa sin una darle importancia.

YC: *Con el paso de los años, ¿cómo es tu relación con los personajes que interpretaste en el teatro? ¿Cómo los recuerdas? ¿Cuál(es) de ellos vuelve(n) a tu memoria con más fuerza?*

MA: Cuando una obra termina, me despido del personaje en la última función. Lo entierro. No tiene sentido seguir con este. Un personaje casi siempre muestra algo desconocido en uno. Interpretarlos es parte del autoconocimiento que se busca. No guardo críticas ni fotos. Si necesito datos por alguna razón voy a Google y veo las fotos, pero estoy ya despegada de ese tiempo. La memoria la uso para escribir. No siento nostalgia por el teatro. Admito que algunos personajes son difíciles de olvidar: Cuca de *La noche de los* *asesinos*, La Estrella, protagonista de *La estrella y la monja* y la Vilma de *El bebedero* de Leonard Melfi.

***YC:** Has contado que creaste Teatro Dúo con Manuel Martín en donde dirigías y actuabas. ¿Cómo recuerdas el proceso de montaje y actuación de* La noche de los asesinos *de José Triana? ¿Cuánto crees que haya influido esa obra en tu propia poesía? ¿Es mera casualidad que José Triana prologue tu primer poemario en el que poesía y teatro se entrecruzan y en que la relación madre-hija es tan atroz y antagonista como la de Lalo, Cuca y Beba en Triana?*

MA: En los 70 en el Duo Theater junto con Manuel Martín produje, dirigí y actué *La noche de los asesinos* de José Triana. La puesta en escena fue exitosa y sobre todo un trabajo en conjunto excelente. También es una obra que no requiere mucho dinero para el montaje. Es un ático lleno de "cosas" que se han de usar en la representación. La hermana de José Triana, Gladys Triana, pintora, fue a ver el estreno de la obra en el Lower East Side donde estaba el Dúo… y desde esa noche surgió una gran amistad entre nosotras. Pepe vivía en Francia y nunca vio la producción en nuestro pequeño teatro. Después se montó la misma versión en un teatro más grande, Adal, y luego, años después, interpreté el mismo personaje de Cuca en una producción en inglés, dirigida por un director húngaro en La MaMa Experimental Theater, en el Village. Elizabeth Peña hizo de Beba y de Lalo, Christopher de Onís. Tuve problemas con el director húngaro porque era desconocedor de nuestra cultura y del costumbrismo cubano. Ignorante de "lo cubano", comenzó a picotear la obra sin ningún respeto hacia el autor. Y parece que mi papel de Cuca, tan acusadora y flamboyante, me hizo ir a contar el picoteo a Ellen Stewart, la productora, ya que me parecía un destrozo inadmisible. Y convencí a Ellen de que había que restaurar el texto que el director había eliminado. Ella ya había invitado a José Triana que residía en París al estreno en Nueva York. A Pepe lo conocí unos días antes del estreno y desde ese momento comenzó una bella amistad. Después de los ensayos y luego de las funciones nos íbamos los tres, Gladys, Pepe y yo, a caminar por el Village en Manhattan. A veces íbamos Pepe y yo solos, y pasábamos noches intensas conversando de todo.

La amistad se extendió a la familia Triana y me pasaba alguno que otro fin de semana con Gladys y sus padres en Queens.

Pasó el tiempo y comencé a escribir. Le mandé el poema a Francia y le pedí el prólogo. Cuando el libro *Electra, Clitemnestra* se publicó en Chile, Gladys participó dándome uno de sus magníficos dibujos para la portada del libro. No salió bien la portada. Alteraron el color y cuánto lo sentí. ¿A quién mejor que a José Triana pedir unas palabras para mi primer libro? Años más tarde le dediqué *Hemos llegado a Ilión*.

¿Influencia? Siempre las personas que una admira y participan en nuestras vidas ejercen cierta influencia. José Triana era un hombre de teatro y parte de mi vida ha sido en el teatro. Sus caracteres en *La noche de los asesinos* tenían ese conocido elemento en las familias cubanas que caminan del odio al amor en discusiones en voz alta. Al final, Lalo dice: "a pesar de todo yo los quiero". La violencia implícita en la obra es afín a mis experiencias familiares. El mundo destila violencia, aunque en apariencias queramos demostrar lo contrario. La violencia define la vida contemporánea. La naturaleza es violenta, tiene sus flores y sus plantas, pero posee animales predadores y árboles que trituran con sus raíces a otros árboles. Hay peligro. Tratamos de hacer jardines con fuentecitas y la noche trae búhos que sueltan sus presas descuartizadas en la fuente de agua. Hay murciélagos y plantas venenosas. La sangre riega las victorias. ¿Se ha ausentado la violencia en algún momento del planeta? Existe en el lenguaje, en el insomnio, en el amor; en las pasiones es la principal intérprete. Desde antes de los griegos, los romanos, la Edad Media y el resto, la violencia triunfa, es la que produce cambios. El matricidio y el parricidio aparecen hasta en sagas populares: Norman Bates, en el film *Heavenly Creatures*, Lizzie Borden, los Hermanos Menéndez y muy atrás Edipo, Orestes y muchos, muchos…

La madre de *La noche de los asesinos* no tiene ningún rasgo de Clitemnestra. En *La noche de los asesinos* hay, en algunos momentos cruciales, solemnidad, pero hay costumbrismo y comicidad. En *Electra, Clitemnestra* el lenguaje no se asemeja, no hay ceremonia, hay repetición de Electra al ir una vez y otra vez a espiar a la madre. Tampoco en *La noche de los asesinos* hay sexualidad, mientras que en *Electra…* el amor es carnal. No es tanto matar a la madre como desearla, y de tanto desearla asesinarla hasta el punto de arrancar y saborear el útero de la madre. Hay una ruptura en lo racional. Ruptura que aparece en nuestras vidas aceleradamente, pues los medios de comunicación no escatiman nada. No es un ritual, es un hecho premeditado; Electra quiere deshacerse de su deseo y la maldita obsesión, y lo hace devorando el primer recuerdo de su vida. Existe el canibalismo del que no se habla mucho en estos tiempos. Existe en lugares insospechados. Lo único que generalmente son los padres que sacrifican y comen a una niña o un niño, una especie de sacrificio para obtener algún poder que un Dios genera o creen que genera. El matricidio es lo peor, es matar al ser que nos ha dado vida, es matar a la Diosa o a Dios, es el rechazo a la vida.

Siempre el tema me interesa y persigue, porque es la peor maldición que una puede engendrar. Es vivir sin fe y no tener salvación.

YC: *Has contado que te alejaste de la literatura en 1996 y que vuelves a escribir poesía en 2009. En esos trece años imagino que sí hayas leído, ¿recuerdas alguna lectura importante en ese tiempo que influyese en la poesía posterior a 2009? ¿Dejaste de escribir completamente o escribías algún texto cuando surgía y los fuiste acumulando?*

MA: Fueron muchos años, muchos, más de trece. Como unos 20.

Después de *Hemos llegado a Ilión* y del viaje a Cuba que inspiró dicho libro, comencé a tener un sentimiento de compasión hacia los animales por ver en Cuba la crueldad y el abandono a que eran sometidos los animales domésticos. La gente más o menos se busca el bocado, se defiende con los dólares y el relajo, pero la miseria de los animales que dependen de nosotros fue un choque fulminante. Perros con sarna, gatos que desaparecían. Esto me hizo tomar una decisión. En más de una ocasión durante mis tres viajes a Cuba en los 90 compré cachorros por 5 dólares en la calle y le decía a mi madre que me mantuviese al perrito hasta la vuelta donde regresaría con el consentimiento y los documentos necesarios para transportarlos a Nueva York. Al cabo de mes y medio, llamaba a mi madre y "Magaly, el perrito se murió".

Comencé junto con Sylvia Baldeon, mi compañera, a recoger perros y gatos en Manhattan, aunque nunca pude adoptar muchos de los perros que encontraba, pues los ladridos llamaban la atención. Aparecían gatos en todos lados y en mi oficina me pedían que adoptara a sus felinos porque si no encontraban dueño tendrían que ponerlos a dormir el sueño del que nadie despierta. Mis compañeros de trabajo confesaban por primera vez que padecían de alergias repentinas e inexplicables. La suerte que perdieron. La abundancia que perdieron. El amor que rechazaron. En ese tiempo, leí mucho sobre medicina veterinaria.

YC: *Eres meticulosa y detectivesca a la hora de abordar la violencia. ¿Por qué ese interés tan marcado a la hora de acercarte a la violencia humana? ¿Cómo entiendes la relación entre ser humano y violencia?*

MA: Te he hablado de la violencia con respecto a *Electra, Clitemnestra.*

Mi madre era violenta y mi padre también. Ambos. *Hermana* habla de sus peleas en La Villareña, un hotelito en Cienfuegos donde vivían. Maletas, trapos, correas y, sobre todo, el lenguaje, las palabritas, esas palabritas que tanto hieren. Yo heredé eso de cortar con palabras cuando pierdo la paciencia. Mientras no haya sangre…

Como soy bocona, los tapabocas iban y venían junto a los castigos de meses en la cama, en piyamas, por una dolencia que quizás no merecía tal castigo. Los matices de la violencia son muchos. Desde las frases que te gritan, como "tienes la cara de palangana", hasta aquellas que intentan ser sutiles como "eres feo, pero inteligente". Y para colmo lo que traían como lectura a la casa era *Bohemia* y sobre todo la crónica roja. Además, para qué recordar el barrio en que me tocó vivir y aquel momento de mi infancia en que me tiraron a la casa de mi madre, después de vivir mis primeros años con mi abuela paterna. Al morir ella me enviaron de vuelta, nunca podré olvidarme lo que sentí en aquel ómnibus que me llevaba de regreso a Cienfuegos, al barrio Reina, el peor de todos. Los cuentos y los chismes morbosos eran abundantes, una especie de entretenimiento. Recuerdo a los 8 años a mi abuelo degollando a mi chiva Blanquita. Brutal oír los gemidos de mi animalita. Odié a ese hombre, tuve ganas de matarlo. Vengarme. Al año próximo le tocó a Negrita, y vi lo mismo, el llanto del animal me perseguía. Así, cuando era apenas una niña, el odio hacia la humanidad comenzó anidando y envenenando mi espíritu. Con qué gusto matan. Mi abuela materna quería que aprendiera a matar gallinas y un día comencé a marear la gallina dándole vueltas en el aire, mi mano apretando sus patas, pero no pude seguir.

Existen Asesinos y asesinos menores y existe el mundo de la representación donde la gente juega a ser buena o bonachona. Me encanta desenmascarar a los bandidos. Y soy mala porque albergo odio. Soy, o quisiera ser cristiana, pero no hipócrita. Y en esa religión se albergan tantos hipócritas. La esencia de Cristo deformada. La ira y la violencia de Jesús en el Templo. Sus palabras con autoridad eran violentas hacia los saduceos y fariseos. Su opinión del mundo era propia de los gnósticos. ¿Quién es el príncipe del mundo? Quizás a última hora vislumbre otro mundo o salga de mi error. Pero ahora solo veo violencia.

***YC:** Nunca has publicado en Cuba. ¿Qué tendría que pasar para que Magali Alabau accediera a publicar en una editorial dentro de la isla?*

MA: Mis libros están en Internet y hay personas que los tienen allá en Cuba. No es un embargo medieval. Hay medios de comunicación.

Publicaré en Cuba cuando publiquen *Hemos llegado a Ilión.*

***YC:** Creo que te caracteriza un diálogo continuo y vital, a pesar de tu vida retirada en Woodstock. ¿Cómo describirías* *tu interacción con los escritores cubanos de las últimas generaciones? ¿Qué has aprendido de ellos, de sus dilemas y experiencias?*

MA: ¿Un diálogo continuo y vital? ¿Con quiénes? El único diálogo que he tenido ha sido con amigos, amantes, y con ellos no hablo de literatura, sino de pasiones. Con Pepe hablaba de literatura. Eran otros los tiempos. Además, ¿dime con quién?

Esa formalidad es para lecturas de poesía y nada más. Me interesan las personas, no la literatura. Con las pocas amistades que aún tengo hablo de animales, de Cuba, política, cine y muy poco de libros y lecturas porque no leo lo que ellos leen. ¿Voy a hablar de Tyll? ¿Voy a hablar de las novelas históricas que me gustan? Pesadeces aburridas como hablar de vestidos.

Sí, vivo retirada y no me gustan las visitas. A la gente le parece mi amor a los animales un poco una aberración. El césped no está cortado y los platos son de cartón, eso sí, ecológicos. Me gusta conversar de filosofía y esas cosas que el miedo a la muerte trae. Woodstock es un refugio ideal. No hay eco.

Bibliografía

Alabau, Magali. *Amor fatal.* Betania, 2016.

—. *Dos mujeres.* Betania, 2011.

—. *Electra, Clitemnestra.* Prólogo de José Triana. Ediciones del Maitén, 1986.

—. *Hemos llegado a Ilión.* Prólogo de Milena Rodríguez Gutiérrez. Betania, 2013.

—. *Hermana.* Betania, 1989.

—. *La extremaunción diaria.* Rondas, 1986.

—. *Liebe.* La Torre de Papel, 1993.

—. *Volver.* Betania, 2012.

Arenas, Reinaldo. "¿Rehabilitación o castración?" *El Nuevo Herald,* 11-x-1988, p. 7A.

Balderston, Daniel. *El deseo, enorme cicatriz luminosa.* Ediciones eXcultura, 1999.

Barquet, Jesús J. "Círculos concéntricos de violencia en la poesía de Magali Alabau". *Unión. Revista de literatura y arte.* Año IX, No. 36, julio-septiembre, 1999, pp. 34-41.

Beaupied, Aida. "Exilio y locura en *Hermana* de Magaly Alabau". (Ponencia inédita presentada en Mountain Interstate Foreign Language Conference -MIFLC- en Wellington, North Carolina, octubre de 1996).

Butler, Judith. *Cuerpos que importan. Sobre los límites materiales y discursivos del "sexo".* Paidós, 2002.

Cabrera, Yoandy. "De Sodoma: la historia por contar. Sobre literatura de tema homosexual en Cuba". *Cuadernos Kóre.* 1.3, 2010, pp. 27–36.

—. "El doloroso arte de rumiar palabras de Damaris Calderón". *La Siempreviva.* No. 7, 2009, pp. 87–92.

—. "Las aguas jordánicas de los estudios literarios". *Cuadernos Kóre.* 1.2, 2010, pp. 242–49.

Calderón, Damaris. *Duro de roer.* Unión, 2005.

Darío, Rubén. *Poesía.* Biblioteca Ayacucho, 1983.

Esquilo, Sófocles y Eurípides. *Obras completas.* Cátedra, 2008.

Ferraté, Juan. *Líricos griegos arcaicos.* Quaderns Crema, 1996.

García Ramos, Reinaldo. "Sobre dos libros de Magaly Alabau". *Linden Lane Magazine.* No. 6. January/March, 1987, p. 19.

Gil, Luis *et al. Introducción a Homero.* Guadarrama, 1963.

Grimal, Pierre. *Diccionario mitológico griego y romano.* Paidós, 2008.

Homero. *Ilíada.* Ed. Gredos, 2006.

Lesky, Albin. *Historia de la literatura griega.* Gredos, 1989.

Martínez Marzoa, Felipe. *El decir griego.* Machado Libros, 2006.

Morris, Ian y Barry Powell (eds.). *A new companion to Homer.* Brill, 1996.

Piñera, Virgilio. *Teatro completo.* Letras Cubanas, 2002.

Prats, Delfín. *El esplendor y el caos.* Unión, 2002.

—. *Lenguaje de mudos.* El puente, 1970.

—. "Lo que soy sigue vivo en mis poemas". Entrevista realizada por Yoandy Cabrera. *Diario de Cuba.* 20 de diciembre de 2013.

—. *Para festejar el ascenso de Ícaro.* Letras Cubanas, 1987.

Rodríguez Adrados, Francisco. *Lingüística estructural.* Gredos, 1974.

Rodríguez Gutiérrez, Milena. "Magali Alabau es Perséfone Pérez o cómo volver a Ilión". Prólogo a Magali Alabau. *Hemos llegado a Ilión.* Betania, 2013 (2ª ed.), pp. 7-20.

Safo. *Poemas.* Edición de Carlos Montemayor. Editorial Trillas, 1986.

Salgado, María A. "Familia, mito y metafísica en *Electra, Clitemnestra* de Magali Alabau". *Americas Review.* Vol. 21 No. 2. 1993, pp. 77-88.

Sarduy, Severo. *Ensayos generales sobre el barroco.* FCE, 1987.

Sloterdijk, Peter. *Ira y tiempo.* Siruela, 2014. Ebook.

Thomson, George. *Esquilo y Atenas.* Arte y literatura, 1982.

Triana, José. "Invitación primera". Prólogo a Magali Alabau. *Electra, Clitemnestra.* Ediciones del Maitén, 1986, pp. 7-8.

SOBRE LA AUTORA

Magali Alabau (Cienfuegos, 1945) está considerada por la crítica como una de las más importantes voces de la poesía cubana contemporánea.

Residió en Nueva York de 1966 a 2020. Hasta mediados de los 80 desarrolló una amplia y sólida carrera teatral y, tras retirarse del teatro, comenzó a escribir poesía. Ha obtenido el Premio de la *Revista Lyra* (Nueva York, 1988), la Beca Oscar B. Cintas de creación literaria (1990–1991) y el Premio de Poesía Latina (1992) del Instituto de Escritores Latinoamericanos de Nueva York por su libro *Hermana.*

Sus poemas han aparecido en revistas y antologías en Estados Unidos, Cuba, Europa y América Latina. Autora de una sólida obra poética, ha publicado *Electra, Clitemnestra* (1986), *La extremaunción diaria* (1986), *Ras* (1987), *Hermana* (1989), *Hemos llegado a Ilión* (1992, 2013), *Liebe* (1993) y —tras una pausa de casi dos décadas— *Dos Mujeres* (2011), *Volver* (2012) y *Amor fatal* (2016), recogidos todos en *Ir y venir* (2017). En 2021 Ediciones Deslinde publicó su poemario *Ruinas,* editado por Ileana Álvarez y Francis Sánchez.

Sobre el editor

Yoandy Cabrera es Profesor de Estudios Clásicos e Hispánicos en Rockford University, Illinois. Desde 2022 es Jefe del Departamento de Lenguas, Filosofía, Religión y Culturas en la misma institución. Es además el Vicepresidente de la Organización de Estudios Clásicos en Illinois (Illinois Classical Conference).

Estudia la recepción clásica en el teatro y la poesía. Es editor jefe de *Deinós,* revista académica del mismo departamento. Es co-autor de *Ballet clásico y tradición grecolatina en Cuba* (Aduana Vieja, 2019) y editor de *Equívocos. Poetas cubanos de inicios del siglo XXI / Misconceptions. Early 21st Century Cuban Poets* (kýrne, 2021).

En 2022 recibió la Beca "Ancient Worlds, Modern Communities" de la Sociedad de Estudios Clásicos por su proyecto editorial "A Teenager Medea". Ha sido Investigador Asociado en el Centro de Estudios Helénicos en Harvard University y este mismo centro le otorgó una Beca de Investigación durante el curso 2021–22.

una colaboración de

www.ingramcontent.com/pod-product-compliance
Lightning Source LLC
LaVergne TN
LVHW091100150826
845673LV00002B/656

* 9 7 9 8 3 6 5 5 0 6 4 2 8 *